Töpfe,

Christel Dhom

An die Töpfe,
fertig – **lecker!**

Christel Dhom

An die Töpfe, fertig – **lecker**!

Rezepte und Geschichten zum **Kochen mit Kindern**

Verlag Freies Geistesleben

Für Manuel und Anna

Sämtliche Anleitungen und Texte dieses Buches sind urheberrechtlich geschützt und dürfen nur nach vorheriger Genehmigung reproduziert oder zu kommerziellen Zwecken verwendet werden.

1. Auflage 2011
Verlag Freies Geistesleben
Landhausstraße 82, 70190 Stuttgart
www.geistesleben.com

ISBN 978-3-7725-2526-1

© 2011 Verlag Freies Geistesleben
& Urachhaus GmbH, Stuttgart
Fotos: Ramona Lamb-Klinkenberg
Umschlag & Layout: Maria A. Kafitz
Satz: Bianca Bonfert
Druck: Gorenjski tisk storitve / Printed in Slovenija

Inhalt

Vorworte 11

Zum Geleit 21

Gedanken & Ideen 25

Ein ganz besonderer Italienurlaub 35

Pizza 40 | Italienischer Chefsalat 43 | Toskanisches Brot vom Blech 45 | Bandnudeln mit Pesto 47 | Kartoffelgnocchi 51 | Tomatensoße 54 | Maisgnocchi 55 | Gemischter Salat 58 | Beerentiramisu 60 | Cantuccini 62 | Panna Cotta 64 | Erdbeereis 67

Großvaters Geburtstag 69

Johannisbeerkuchen 74 | Maulwurfkuchen 76 | Amerikaner 78 | Schoko-Walnuss-Muffins 81 | Schoko-Bananen-Torte 83 | Haferkekse 86 | Brownies mit Sauerkirschen 88

Das Kartoffelerntefest 91

Kartoffelpuffer 94 | Bratkartoffeln 95 | Kartoffelwaffeln 96 | Kräuterquark 98 | Apfelmus 99 | Kartoffelbrei 101 | Bunter Kartoffelsalat 103 | Gebratener Tofu 105 | Kartoffelsuppe 106 | Zweifarbige Suppe 108 | Gefüllte Kartoffeln 111 | Rote-Bete-Salat 112 | Möhren-Kohlrabi-Salat 114 | Backofenpommes 115 | Ketchup 117 | Kartoffelpizza 118 | Schokoladenpudding 120 | Apfelschnee 122 | Apfelkuchen vom Blech 123

Die Wanderung zur Burg 125

Räuberbrot 130 | Hagebuttenmarmelade 131 | Hexeneintopf 133 | Rostige Ritter 135 | Kräutersuppe mit Wachteleiern 137 | Kraftkugeln für starke Kerle 139 | Bärentatzen 141 | Vanillesoße 142 | Herbstlicher Obstsalat 143 | Zwetschgenkompott 144 | Gummibärchen 146

Mitten im kalten Winter 149

Zwiebel-Apfel-Schmalz 154 | Pfannkuchen mit Lauch-Ananas 155 | Hirtenpfanne 157 | Paprika-Rahm-Gemüse 159 | Feldsalat mit Orangen & Walnüssen 161 | Apfelpfannkuchen 162 | Erbsensuppe mit Grießklößchen 164 | Gemüse-Nudel-Auflauf 166 | Kartoffel-Zucchini-Gratin 168 | Dampfnudeln 171 | Aprikosencreme 174 | Wintertraum 175 | Schneeflöckchen 176 | Zimtwaffeln 178 | Süße Mandeln 179 | Heiße Schokolade 180 | Bratäpfel 181

Die Neue in der Klasse 183

Iranisches Spinatomelett mit Kräutern 187 | Arabische Gemüsecreme-Suppe 189 | Russischer Borschtsch 192 | Griechischer Bauernsalat 195 | Türkische Kichererbsencreme 197 | Mexikanischer Bohnensalat 198 | Orientalischer Couscous-Salat 200 | Französischer Chêvre chaud 202 | Chinesisches Wok-Gemüse 203 | Amerikanischer Burger 205 | Georgisches Chatschapuri 208 | Polnischer Hefe-Mohn-Kuchen 210 | Gebackene asiatische Bananen 212 | Gefüllte persische Datteln 213

Die Fahrradtour   215

Wildkräuterfrittata 220 | Tortellini-Salat 222 | Gurken mit Frischkäse 223 | Rührei mit Paprika 225 | Eiersalat mit Räuberbrot 226 | Kalte Gurkensuppe 227 | Johannisbeer-Muffins 228 | Fruchtpudding 230 | Sommerlicher Obstsalat 233 | Schoko-Mandel Schnitten 234 | Krümelmonsterbecher 237 | Prickelnde Erfrischung 238

Rezeptregister   240

Über die Autorin   246

Vorworte

Kochen für die Zukunft unserer Kinder und unserer Welt

Kinder lieben Kochen und Backen. Die Beschäftigung mit den frischen Zutaten, ihre Verarbeitung und Zubereitung in Topf, Pfanne und Ofen ist eine faszinierende und wichtige Erfahrung. Vielen Kindern bleibt sie im Zeitalter von Fertig- und Convenience-Produkten und angelieferten oder Kantinen-Mahlzeiten in Kindergarten und Schule heute leider oftmals weitgehend verwehrt. Damit geht ihnen viel mehr verloren als nur der Spaß am Kochen: auch das Gefühl für die Zutaten, für ihre Beschaffenheit und Frische, für saisonale Obst- und Gemüsesorten und für die Produkte der heimatlichen Region kann sich ohne eigene Küchenerfahrung gar nicht erst entwickeln. Wer nicht lernt, selbst mit frischen Lebensmitteln umzugehen, bleibt sein Leben lang auf Fast Food und Co. angewiesen.

«Begreifen» ist ein schönes deutsches Wort für «Lernen durch Anfassen»: Kinder lernen in der Küche auch praktisches Rechnen beim Zusammenstellen der Zutaten, erleben Physik und Chemie beim Koch- und Backvorgang. Als Krönung des Ganzen dann das gemeinsame Mahl, eine soziale Genuss-Erfahrung, bei der Praktisches wie Tischdecken und der Umgang mit Messer und Gabel, aber auch Tugenden wie Tischregeln, gemeinsame Gespräche, Rücksichtnahme ganz nebenbei gelernt werden können.

All diese Aspekte spielen übrigens nicht nur bei einer leckeren, gesunden und vollwertigen Ernährung eine wichtige Rolle. Die Verwendung regionaler Zutaten, am besten aus Bio-Anbau, ist außerdem gut für Umwelt und Natur. Denn sie kommen ohne lange energiefressende und klimaschädliche Transportwege und ohne giftige Chemikalien wie Pestizide und künstliche Düngemittel aus. Gentechnikfrei sind Bioprodukte obendrein grundsätzlich. Wenn Sie vorwiegend ökologisch angebaute Produkte aus Ihrer Umgebung verwenden, tun Sie also gleich mehrfach etwas Gutes für die Zukunft Ihrer Kinder: Sie ernähren sie giftfrei und gesund – und tun zugleich etwas für die Erhaltung unserer natürlichen Lebensgrundlagen.

Dazu trägt außerdem eine weitgehend vegetarische Ernährung bei. Denn vor allem die herkömmliche Fleischproduktion in Massentierhaltung ist für die Importe großer Mengen von Sojafuttermitteln verantwortlich. Sie stammen überwiegend aus Süd- und Nordamerika und zum größten Teil von gentechnisch veränderten Pflanzen, bei deren Anbau große Mengen giftiger Spritzmittel eingesetzt werden. Außerdem stehen die riesigen Futtermittel-Anbauflächen nicht mehr für die Lebensmittelproduktion vor Ort zur Verfügung. Dieses Buch zeigt die große Vielfalt der vegetarischen Küche auf – es muss nicht immer Fleisch sein, damit es lecker schmeckt. Auch das ist etwas, was wir unseren Kindern mit auf den Weg geben können und sollten.

Am besten, Sie fangen schon beim gemeinsamen Einkauf mit den Kindern an. Zum Beispiel auf einem Wochenmarkt mit regionalen Bio-Produkten. Auch das macht den Kindern viel Spaß und prägt auf ganz andere Weise als ein Besuch im Supermarkt mit all seinen standardisierten, industriell erzeugten Lebensmitteln.

Ich hoffe also, dass Sie sich die Zeit nehmen und mit Ihren eigenen Kindern, Enkeln, Nichten, Neffen und Nachbarskindern viele der leckeren Rezepte ausprobieren werden. Viel eigener Spaß und die Begeisterung der Kinder sind Ihnen sicher, ebenso wie das Bewusstsein, etwas Bereicherndes und Sinnvolles für deren Zukunft zu tun. Mit diesem Buch hat Christel Dhom eine wunderbare Anleitung dafür geschaffen. Gutes **Gelingen!**

Ulrike Höfken,
Ministerin für Umwelt, Landwirtschaft, Ernährung,
Weinbau und Forsten des Landes Rheinland-Pfalz

Liebe Eltern, liebe Kinder,

ich erinnere mich noch gut an meine Kindheit. Im Garten meiner Großeltern hatte ich einen eigenen kleinen Garten, den ich bereits als Fünfjähriger pflegte. Neben Karotten und Tomaten schätzte ich besonders meine Himbeeren. Über viele Wochen «erntete» ich täglich eine kleine Portion, die ich meistens gleich aufaß. Später in der Waldorfschule lernte ich im großen Schulgarten den biologisch-dynamischen Gartenbau kennen. Vom richtigen Umgraben bis zur Herstellung von Kompost und Präparaten reichte die Unterweisung. Häufig brachte ich frisch geerntetes Obst und Gemüse mit nach Hause.

Beim anschließenden Kochen durfte ich mitmachen und lernte schnell, Gemüse zu putzen und – auf einem kleinen Hocker stehend – in Kochtöpfen zu rühren. Auch beim Abwaschen des Geschirrs von Hand, dem Abtrocknen von Tellern und Tassen, durfte ich regelmäßig mithelfen. Ich habe all dies damals sehr gerne gemacht und kann heute sagen, es waren auch Erfahrungen, die mein ganzes Leben wesentlich geprägt haben.

Noch heute koche ich gerne – insbesondere im Wok; etwas Olivenöl, gehackte Zwiebeln und beispielsweise mein Lieblingsgemüse Fenchel, grob geschnitten und mit etwas Salz und Pfeffer gewürzt, ist ein schnell zubereitetes Gemüse. Aber auch frischer Babyspinat aus dem Wok, mit gerösteten Pinienkernen aus der Pfanne und mit frischen Parmesankäse-Spänen serviert, ist ein leckeres Zwischengericht.

Mir macht es besonders viel Freude, neue Gerichte auszuprobieren. Dabei liebe ich einfache und schnell herzustellende Speisen. Je weniger Zutaten man benutzt, umso eher können wir den typischen Geschmack eines Gemüses aus biologischem Landbau schmecken.

Wer ohne Rezepte kochen kann, der hat Fantasie. Mehr denn je bedürfen wir der Kreativität, um unsere Welt nachhaltig zu gestalten. Haben wir in den letzten Jahrzehnten unser Handeln zumeist dem Diktat der Wirtschaftlichkeit unterworfen, so müssen wir jetzt aus einem ganzheitlichen Denken agieren, wenn wir unsere Erde lebensfähig erhalten wollen. Nur wenn wir unseren Planeten nicht wie ein Rohstofflager plündern, sondern als Organismus begreifen und sinnvoll gestalten, werden wir ihm gerecht.

Neben der Pflege der Erde geht es vor allem um die Weiterentwicklung des Menschen.

Dabei ist der Maßstab für unser Tun die Frage: Was fördert seine Selbstständigkeit, und wie können wir seine Entwicklung zur Freiheit unterstützen?
Ich wünsche diesem Buch, dass viele Eltern und noch mehr Kinder Anregungen darin finden, um ihre Kreativität zu entdecken und zu **entwickeln.**

Prof. Dr. Götz E. Rehn
Gründer von Alnatura

Mit und für Kinder kochen – ein Kinderspiel!

Ist das Kochen mit Kindern und für Kinder wirklich ein Kinderspiel? – Ja und nein!
Natürlich wissen wir alle, dass es Spaß macht, gemeinsam mit Kindern ein Essen zuzubereiten, und die Werbung empfiehlt uns für diese Gelegenheiten schnelle Suppen und Soßen. Da wird eine Tüte geöffnet, der Inhalt in einen Topf geschüttet und dreimal gerührt – schon ist alles fertig, und die glückliche Familie sitzt gemeinsam am Esstisch und genießt. Eigentlich ein Kinderspiel! Doch dieses Essen ist nicht das, was wir wollen – aber ein gesundes Essen zuzubereiten, mit frischen Zutaten, ohne Geschmacksverstärker, ist doch sehr viel mühsamer und schwieriger, denkt man. Hier gilt es, ein Vorurteil über Bord zu werfen: Meine Erfahrung beim Kochen mit kleinen und großen Kindern, mit Jugendlichen zeigt, dass alle stets engagiert bei der Sache sind, gewissenhaft arbeiten, Regeln beachten und stolz auf ihr Produkt sind, das mit Genuss verspeist werden kann. Zugegeben: Es braucht mehr Zeit als die, die man bräuchte, um eine Tiefkühlpizza in den Ofen zu schieben, aber es ist eine produktive, eine kreative, eine erfüllte Zeit, die wir miteinander verbringen, in der wir viel voneinander erfahren und lernen und die einfach Spaß macht.
Wenn dann in einer Gruppe Möhren, Kohlrabi und Pastinaken geschält und kleingeschnitten werden für einen leckeren Eintopf, ermutige ich die Kinder, ruhig alles zu probieren: roh, gekocht, pur, kombiniert. So entdecken wir plötzlich einen neuen Geschmack, eine neue Konsistenz, und es passiert nicht selten, dass ich dafür sorgen muss, noch genügend geschnippeltes Gemüse für den Eintopf übrig zu behalten. Das Einhalten klarer Regeln bezüglich der Hygiene, der Handhabung von Werkzeug, der Gestaltung des Arbeitsplatzes ist eigentlich nie ein Problem, und so gelingt ein Gericht meist in angemessener Zeit. Dass das anschließende gemeinsame Essen nicht nur den Hunger stillt, sondern eine ganze Reihe weiterer positiver Effekte hat, braucht man hier nicht gesondert zu erwähnen, aber es macht vor allem Spaß und man stellt fest: Es ist ein Kinderspiel – und zwar ein ziemlich gutes!
Als Betreiber einer Bioland-Schulmensa sehe ich mich zunächst häufig mit Vorurteilen konfrontiert. Je älter die Kinder bzw. Jugendlichen sind, umso stärker ist ihre Ablehnung gegenüber einer Küche, die angeblich nur mit Hirse, Tofu und Grünkernbratlingen hantiert.

Hier hilft kein Sendungsbewusstsein – und auch die rationalen Erklärungen und Belehrungen über gesunde Ernährung nutzen wenig, wenn ein fetter Hamburger eigentlich das schönste Abendessen darstellt. Hier hilft nur Gelassenheit und Überzeugung durch leckeres Essen. Das ist nicht immer einfach, ein Wiener Schnitzel, eine Bratwurst mit Pommes Frites sind lecker und attraktiv und eine harte Konkurrenz.

Kocht man nun vorwiegend vegetarisch, mit viel frischem, regionalem, saisonalem Gemüse, kann man den gängigen Geschmack nicht immer bedienen. Aber ein Umdenken setzt dann ein, wenn auch Jugendliche und junge Erwachsene ein beliebtes Gericht aus Kinderzeiten verzehren wie Kartoffeln mit Spinat und Spiegelei und mit strahlendem Gesicht einen Nachschlag wollen oder der überbackene Gemüseauflauf dazu führt, dass die Freunde am Tisch sich ganz schnell auch eine Portion holen. An solchen Tagen komme ich zu dem Schluss: gesundes Kochen für Kinder – ein Kinderspiel!

Mit dem vorliegenden Kochbuch bekommen Sie viele Ideen und Rezepte an die Hand, sie lassen das Zubereiten, Kochen und Verzehren von gesunden, leckeren Speisen zu einem Genuss werden für Ihre und mit Ihren Kindern – und zu einem Kinderspiel!

Ich wünsche diesem Kochbuch viele Leser und Nachahmer, nur so können wir auch in Zukunft gesund essen, gesund leben und darauf bauen, dass unsere Kinder und Enkel das auch noch **können.**

Klaus Helbig
Bio-Koch aus Berlin und
Bioland-Partner

Zum Geleit

Das vorliegende Kochbuch ist für Eltern, Großeltern, Tanten, Onkel und Paten, aber auch für Erzieherinnen und Erzieher, Lehrerinnen und Lehrer, die gerne mit Kindern kochen wollen, konzipiert. Es ist nicht für Kinder gedacht, die alleine kochen.

Die Rezepte wurden so geschrieben, dass auf der linken Spalte die benötigten Zutaten untereinander aufgelistet sind, und rechts davon steht, was zu tun ist. Liest man also Zeile für Zeile, so folgt ein Arbeitsschritt dem anderen.

Alle Rezepte wurden von der Menge für 4 – 6 Personen zusammengestellt und mehrmals ausprobiert. Je nachdem, welche Beilagen gereicht werden oder ob noch eine Vor- und Nachspeise vorgesehen ist, wird das Gericht ausreichend oder aber für 4 – 6 Personen knapp bemessen sein. Rezepte, die für mehr als 4 – 6 Personen angelegt sind, wurden entsprechend gekennzeichnet.

Unsere Fotos wurden während des Kochens mit den Kindern oder anschließend von den fertigen Speisen gemacht. Die Gerichte wurden nicht mit Farben, Lacken oder anderen Hilfsmitteln zum Fotografieren bearbeitet, um ein besseres Aussehen zu erreichen. Ausnahmslos alles, was wir gemeinsam gekocht haben, verspeisten wir anschließend mit großem Genuss.

Die verwendeten Zutaten wurden überwiegend in Bioläden, bei einem Biobauern oder frisch auf dem Markt gekauft. Wir alle wollen für unsere Kinder nur das Beste – und in Bezug auf die Ernährung sind das die Nahrungsmittel aus kontrolliert biologischem Anbau. Dies findet zunehmend Befürworter. Die Stadt München zum Beispiel hat sich zusammen mit dem Referat «Gesundheit und Umwelt» zum Ziel gesetzt, in ihren Kindergärten und Schulen die Ernährung auf hundert Prozent Bio-Kost umzustellen (www.bio-fuer-kinder.de).

Dass kontrolliert biologische Nahrungsmittel nachweislich weniger schadstoffbelastet sind und mehr Vitamine und Vitalstoffe enthalten, ist inzwischen hinreichend bekannt. Darüber hinaus schmecken sie auch noch besser, was gerade für Kinder, die ihren Geschmackssinn noch entwickeln, von Bedeutung ist. Übrigens, eine biologische Ernährung muss nicht teurer sein, wenn man ganz oder teilweise auf Fleisch verzichtet und regionales, der Jahreszeit entsprechendes Obst und Gemüse bevorzugt.

Wer selbst kocht und auf Fertigprodukte verzichtet, der weiß, was er hat, und trägt somit nicht nur zur Gesunderhaltung seiner Kinder bei. In der heimischen Küche sollten Geschmacksverstärker, Farbstoffe, chemische Konservierungsstoffe, Formfleisch und Analogkäse nicht erwünscht sein. Zudem stehen all diese Dinge im begründeten Verdacht, Allergien, Hyperaktivität und Fettleibigkeit zu fördern.

Die Geschichten im Buch sollen zum gemeinsamen Kochen anregen. Sie sind gedacht für Kinder im Vor- und Grundschulalter und knüpfen an ihre Erfahrungs- und Erlebniswelt an. Die Geschichten können vorgelesen oder erzählt werden. Es wäre zudem schön, wenn Erwachsene sich dadurch angeregt fühlten, selbst Geschichten für ihre Kinder zu «finden», denn die selbst gefundenen und erzählten Geschichten sind für die Kinder am wertvollsten.

Zum Schluss möchte ich Ihnen allen den Spaß und die Freude wünschen, die wir beim Entstehen dieses Buches hatten. Außerdem möchte ich mich bei allen Menschen bedanken, die durch ihr Vorwort, durch Rezeptanregungen, Testkochen, Korrekturlesen, durch Ermunterungen, aber auch durch konstruktive Kritik zum Gelingen des Buches beitrugen.

Mein besonderer Dank gilt Maria A. Kafitz vom Verlag Freies Geistesleben, die mit der Idee für dieses Buch an mich herangetreten ist. Mit aufmunternden Worten stand sie mir stets in einer sehr freundschaftlichen Weise zur Seite.

Ein herzliches Dankeschön geht an die vielen Kinder und Familien, die zum Mitkochen und Ausprobieren bereit waren. Von so vielen Menschen unterstützt und getragen zu werden, machte mich sehr glücklich, ganz abgesehen von dem Vergnügen, welches wir beim gemeinsamen Kochen hatten. Dabei konnte ich erleben, dass aus der gemeinsamen Tätigkeit gegenseitiges Vertrauen erwächst.

Was wäre ein Kochbuch ohne Fotos? Die Zusammenarbeit mit der Fotografin Ramona Lamb-Klinkenberg war geprägt von Respekt und Wertschätzung. In großer Harmonie konnten wir unsere Arbeit gestalten und vorantreiben. Ich bin überaus dankbar für ihr großes Engagement und ihren Ideenreichtum.

In sehr vielfältiger Weise habe ich auch wieder Unterstützung durch meinen Ehemann erfahren. Er stand mir als Testesser, Sekretär, Chauffeur und – wenn nötig – als Seelentröster zur Seite. Es ist so schön, dass es ihn gibt! Herzlichsten **Dank!**

Christel Dhom

Gedanken & **Ideen**

Kochen in der Familie

Die meiste Zeit verbringen Familien in der Regel am Wochenende miteinander. In dieser Zeit wollen und müssen die Kinder auch immer wieder beschäftigt werden. Darum bietet es sich an, am Wochenende gemeinsam zu kochen und so die Stunden miteinander sinnvoll zu verbringen. Denn essen wollen und müssen wir ja auch am Wochenende.

Zugegeben, wenn man mit Kindern kocht, muss man mehr Zeit dafür einplanen. Dafür sind aber gute Gespräche möglich, für die es sonst vielleicht keine Gelegenheit gäbe. So können wir die Beziehung zu unseren Kindern pflegen und stärken. Außerdem bewahren wir unseren Nachwuchs (und uns) davor, vor dem Fernseher oder dem Computer zu sitzen oder das Essen beim Pizza-Lieferservice zu bestellen (was ab und an ja kein wirkliches Drama ist).

Darüber hinaus lernen Kinder eine ganze Menge beim gemeinsamen Kochen:
– Geschicklichkeit im Umgang mit Messern;
– Achtsamkeit im Umgang mit elektrischen Küchengeräten, heißen Töpfen und Pfannen;
– neue Worte durch die unterschiedlichen Zutaten und Tätigkeiten;
– Wahrnehmen unterschiedlicher Lebensmittel und deren Geschmack und Geruch;
– einen Rezepttext lesen, verstehen und umsetzen;
– die logische Abfolge eines Kochprozesses;
– Mengen und Gewichtseinheiten bei der praktischen Arbeit;
– Kreativität bei der Zubereitung und Verarbeitung von Nahrungsmitteln (auch, wenn beispielsweise mal etwas nicht gelingt und improvisiert werden muss);
– gesunde Lebensmittel von weniger gesunden zu unterscheiden;
– Unabhängigkeit von Tüten, Fertigprodukten und Fast Food;
– Erkennen der Besonderheit und Qualität regionaler Produkte – auch als ökologischer Beitrag beim gemeinsamen Einkauf.

Nur wer schon einmal zusammen mit Kindern gekocht hat, weiß, wie viel Spaß und Freude das machen kann. Vielleicht finden gerade berufstätige Eltern beim gemeinsamen Kochen mit ihrem Nachwuchs Erholung, weil sie eine Entschleunigung ihres Alltags erleben.

Mit Kindern zu kochen bedeutet zwar, einerseits mehr Zeit dafür einplanen zu müssen, andererseits aber auch Entspannung und Freude zu erleben. Werden Kinder von klein auf am Kochen und den dazugehörigen Tätigkeiten wie einkaufen, den Tisch schön decken und später abräumen, die Küche aufräumen beteiligt, können sie mit zunehmendem Alter auch selbstständig Aufgaben übernehmen. Dies stärkt das Selbstbewusstsein der Kinder und entlastet die Eltern. Übrigens, was Kinder selbst zubereitet und gekocht haben, wird in der Regel auch gerne gegessen.

Kochen in Kita oder Schule

In den letzten Jahren wurden viele Einrichtungen von Halbtags- zu Ganztagseinrichtungen ausgebaut. Ihre ursprüngliche «familienergänzende» Aufgabe hat sich beinahe zu einer «familienersetzenden» Herausforderung entwickelt. Das heißt, Kita und Schule müssen zunehmend Aufgaben übernehmen, die noch vor einigen Jahren der Familie vorbehalten waren. Dazu zählt auch der Umgang mit und die Zubereitung von Nahrungsmitteln und Speisen.

Innerhalb des Ablaufs einer Ganztagseinrichtung besteht die Möglichkeit, die Kinder bei der Zubereitung einer Pausen- oder Zwischenmahlzeit einzubeziehen. Projekte wie «Einkaufen auf dem Markt» oder «Besuch auf dem Bauernhof» oder auch der «Kochtag im Monat, in der Woche» lassen sich verwirklichen. Auch die sogenannten «Kim-Spiele», bei denen u. a. mit verbundenen Augen unterschiedliche Obst- oder Gemüsestückchen geschmeckt und benannt werden sollen, lassen sich leicht umsetzen. Ebenso gehört das Ertasten von verschiedenen Obst- und Gemüsesorten, welche durch ein großes Tuch abgedeckt sind, dazu. Es muss ja erst einmal gelernt werden, eine Orange von einer Mandarine oder einer Zitrone zu unterscheiden.

Trotz der Hygienevorschriften, die in allen Bundesländern für Kitas und Schulen gegeben sind, ist vieles möglich. So kann man zum Beispiel einen Projekttag oder eine Projektwoche «Gesundes Essen» vorbereiten, in der mit den Kindern erarbeitet wird, warum eine biologische Ernährung einer konventionellen vorzuziehen ist, von welchen Lebensmitteln man viel essen darf oder soll (etwa Obst, Gemüse, Brot, Kartoffeln), von welchen man weniger genießen sollte (etwa Fleisch, Fisch, Käse, Milch) und welche sich zum Verfeinern von Speisen eignen (etwa Butter, Öl, Fett, Sahne). Hilfreich ist hier die Lebensmittelpyramide der «Deutschen Gesellschaft für gesundes Leben mbH».

Während einer solchen Projektwoche darf das praktische Kochen natürlich nicht zu kurz kommen. Dabei sollten Kinder Grundlegendes erleben und erfahren. Wie stellt man aus Tomaten eine Tomatensoße her? Wie macht man aus Schokolade einen Schokoladenpudding? Wie entsteht aus Rote Bete ein Salat? Die Kinder könnten den Prozess vom Apfel zum Apfelmus verfolgen oder beobachten, wie aus Mehl, Hefe und Wasser Teig und mit wenigen Extras eine schmackhafte Pizza wird.

Eine weitere Möglichkeit ist das Pflanzen, Pflegen und Ernten von Kartoffeln. Ist in Kita oder Schule kein geeignetes Beet vorhanden, können nach einer alten Methode die Kartoffeln auch in einer Tonne oder einer sogenannten «Kartoffelpflanztasche» herangezogen werden. In einer Gesellschaft, in der es Lebensmittel im Überfluss gibt, ist es wahrlich schwer, Dankbarkeit dafür zu vermitteln, dass wir jeden Tag genügend zu essen haben. Feiert man zur Kartoffelernte ein Fest mit Kindern und Eltern, an dem es vorwiegend Speisen aus Kartoffeln gibt – Rezepte finden sich zahlreich in diesem Buch –, kann vielleicht Ehrfurcht empfunden werden, Ehrfurcht der Erde und dem Schöpfer gegenüber.

Kochführerschein / Kochdiplom

Es tut Kindern durchaus gut, auf ein gestecktes Ziel hinzuarbeiten und dadurch einen gewissen Ansporn zu haben. Sie freuen sich über das Gelernte, über die gemachten Fortschritte – besonders, wenn diese dokumentiert werden wie beispielsweise durch eine Urkunde im Sport. Dabei ist es wichtig, dass die Freude am Tun stets im Vordergrund stehen sollte.

Je nachdem, wie alt die Kinder sind und über welchen Zeitraum man das Ziel stecken möchte, werden die Anforderungen formuliert. So können zum Beispiel die Sommerferien ein Rahmen sein, innerhalb dessen eine Familie sich mit ihren Kindern den Erwerb eines «Küchenführerscheins» vornimmt. Aber auch eine Projektwoche zum Thema «Gesundes Essen» in Kita oder Schule kann einen Führerschein zum Ziel haben.

Im Führerschein wird neben Namen und Foto, Ort, Datum und Unterschrift entweder die Teilnahme am Projekt bestätigt oder es werden bestimmte Tätigkeiten in der Küche aufgelistet, die gelernt wurden. Man könnte sich aber auch vornehmen, auf bestimmte Fertigkeiten hinzuarbeiten, wie beispielsweise

– Apfel schälen, vierteln und entkernen;
– Zwiebel schälen, klein schneiden oder in Ringe schneiden;
– Kartoffeln schälen;
– Ei aufschlagen und Eiweiß von Eigelb trennen;
– einen Nachtisch selbstständig zubereiten (z.B. Schokoladenpudding);
– einen Salat selbstständig zubereiten (z.B. Möhren-Kohlrabi-Salat);
– eine Hauptspeise selbstständig zubereiten (z.B. Pfannkuchen);
– einen Kuchen selbstständig zubereiten (z.B. Maulwurfkuchen).

Wichtig ist hierbei, die Kinder nicht zu überfordern und ihnen so den Spaß am Kochen zu verderben, sondern vielmehr gerade die Freude am gemeinsamen Zubereiten des Essens zu wecken und zu fördern.

Und so könnte
ein Kochführerschein aussehen:

Eine handliche DIN A 5-Größe, die auf DIN A 6 zusammengefaltet wird, bietet sich an. Geeignet ist ein festeres Papier, um eine gewisse Haltbarkeit zu gewährleisten, oder man laminiert das wertvolle «Dokument».

Die Grafik ist auf 50 % verkleinert und lässt sich als Kopiervorlage verwenden.

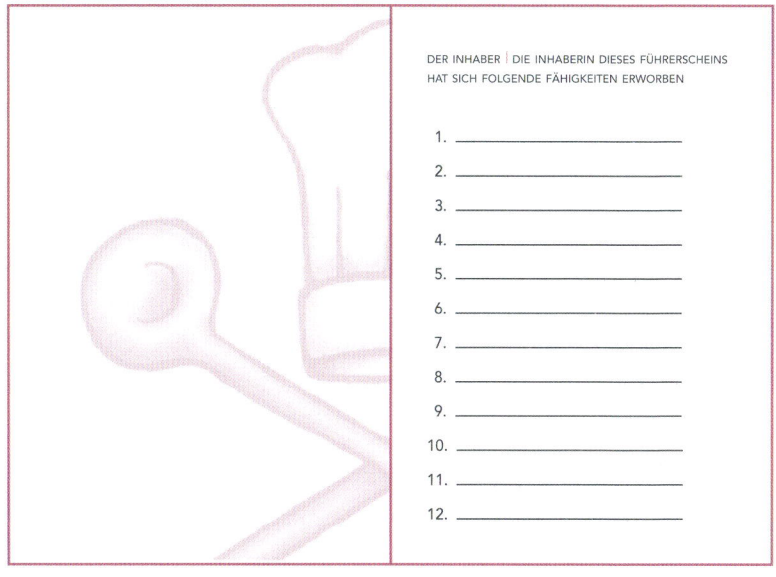

Kinderschürze zum Selbernähen

Das Tragen einer Schürze ist ein wenig aus der Mode gekommen, obwohl Schürzen eine wirklich gute Erfindung waren. Beim Kochen kommt es so schnell vor, dass vom Fett in der Pfanne oder vom «Saft» für den Pudding etwas spritzt und Flecken auf der Kleidung hinterlässt. Eine Kochschürze schützt die Kleidung und zeigt deutlich: Ich koche gerade.
Für Kinder sind «gute Gewohnheiten» sehr wichtig. Das Tragen einer Schürze kann wie das Tragen von Hausschuhen zu einer solchen werden und zudem Kinder zu kleinen Köchen machen.

Aus einem Geschirrhandtuch lässt sich sehr einfach eine Kinderkochschürze nähen. Und das geht so:

– Von einem Geschirrhandtuch die oberen Ecken ca. 1/3 in der Länge und ca. 1/3 in der Breite abschneiden (siehe Foto).
– Mit Stecknadeln das vorgefalzte Schrägband an den Schnittstellen feststecken, sodass oben und an den Seiten je ein Band zum Zubinden bleibt.
– Mit einer Nähmaschine mit einem Steppstich das Nahtband zusammen- bzw. am Geschirrtuch festnähen.

Wer möchte, kann aus den abgeschnittenen Ecken noch Taschen aufnähen oder den Namen des Kindes auf die Schürze sticken. Aber auch eine gestickte Blumenwiese mit einer Sonne oder unterschiedliche Kochlöffel können eine Kochschürze verschönern.

Ein ganz besonderer
Italienurlaub

«**Guck** nicht so blöd!» – «Ich guck doch gar nicht blöd.» – «Doch, du guckst ganz blöd, schon die ganze Zeit.» – «Gar nicht. Ich schau mir bloß die Häuser auf der anderen Seite an.» – «Schau dir die Häuser auf deiner Seite an.» – «Da sind aber keine, du Blödmann.» – «Jetzt ist mal gut», mischte sich Mama ein, «ich will jetzt nichts mehr hören.» – «Aber …» – «Kein Aber. Schluss ist Schluss», sagte sie sehr energisch, so energisch, dass das kleine Mädchen mit den zwei blonden Zöpfen und sein kleiner Bruder genau wussten, nun mussten sie still sein, um einen größeren Ärger zu vermeiden. Jeder schaute schweigend auf seiner Seite im Auto zum Fenster hinaus.

Schuhe kaufen konnte ganz schön nervig sein. Christina, so hieß das kleine Mädchen mit den zwei blonden Zöpfen, war sehr froh, als sie endlich wieder zu Hause waren. «Na, habt ihr schöne Schuhe gefunden?», fragte Großmutter gleich, als sie zum Haus hereinkamen. Die beiden Kinder wohnten zusammen mit ihren Eltern und den Großeltern etwas außerhalb der Stadt in einem Haus mit einem großen Garten. Die Eltern lebten mit den Kindern oben unterm Dach und die Großeltern im Erdgeschoss. Am schönsten war, dass man aus der Küche und dem Wohnzimmer der Großeltern direkt in den Garten gehen konnte.

Dieser Garten war für Christina und ihren kleinen Bruder Tobias der beste Spielplatz auf der ganzen Welt. Es gab viele Obstbäume, auf die man klettern konnte – Kirschen, Pflaumen, Mirabellen und Äpfel. Unter den Bäumen wuchsen Walderdbeeren, am Zaun entlang Johannisbeeren, Stachelbeeren, Himbeeren und Jostabeeren. Hinter den Beerensträuchern waren Geheimwege und tolle Verstecke. Sie hatten sogar ihr eigenes Kinderbeet. Natürlich gab es auch eine Wassertonne zum Planschen, einen Sandkasten und eine Schaukel.

«Oma, stell dir vor, Julia hat auch neue Schuhe bekommen. Ganz tolle. Sie war mit ihren Eltern im Urlaub in Italien, und dort haben sie Schuhe gekauft. Ist Italien weit weg?» – «Das kommt darauf an. Italien ist weiter weg als der Bodensee. Dort habt ihr im letzten Jahr Urlaub gemacht. Aber Italien ist näher als Afrika. Zumindest von hier aus. Am besten, wir schauen im Atlas nach.» – «Was ist ein Atlas?», fragte Tobias. Er ging noch in den Kindergarten und hatte jeden Tag viele Fragen. «Ein Atlas ist ein großes Buch – hier schau – mit vielen Landkarten von der ganzen Welt», antwortete die Großmutter. «So, jetzt wollen wir mal sehen, wo Italien liegt. Also hier ist Deutschland und da wohnen wir.» Großmutter zeigte mit dem Finger auf eine Stelle im Atlas. «Wenn wir durch unser Nachbarland, die Schweiz, fahren, dann kommen wir nach Italien. Und schaut mal, wie Italien aussieht! An was erinnert euch das?» Sie zeichnete mit ihrem Zeigefinger den äußeren Rand der Halbinsel nach. «In Italien werden viele schöne Schuhe hergestellt, die weltberühmt sind. Na, an was erinnert euch Italien?» – «Einen Schuh! Einen Stiefel», triumphierte Tobias. «Ich habe eine Idee», sagte Großvater. Er hatte oft gute Ideen. «Morgen ist keine Schule und eure Eltern sind nicht hier, und da werden wir nach Italien fahren!» Dabei zwinkerte er mit einem Auge. Das tat er immer, wenn an der Geschichte irgendetwas nicht so ganz stimmte.

Am nächsten Morgen, die Eltern waren schon sehr früh aufgebrochen, fragte Tobias natürlich: «Wann fahren wir nach Italien?» – «Gleich nach dem Frühstück», antwortete Großvater. Rasch hatten die Kinder ihr Müsli gegessen und beim Abräumen geholfen. «So, erst müssen wir ja mal die Koffer packen», sagte der Großvater, der zwischen beiden Kindern auf dem Sofa saß. «Also, ich packe in meinen Koffer eine Zahnbürste.» Christina kannte das Spiel und machte gleich weiter. «Ich packe in meinen Koffer eine Zahnbürste und einen Waschlappen.» Nun war der kleine Bruder an der Reihe. «Ich packe in meinen Koffer eine, eine Zahnbürste, einen Waschlappen und – äh – einen Ball.» – «Gut», sagte Großvater, und so ging es noch eine kleine Weile, bis Tobias nicht mehr alle Gepäckstücke erinnern konnte und ausscheiden musste.
«Na gut, dann baue ich uns halt ein Auto, mit dem wir nach Italien fahren können», rief der Kleine und stellte im Esszimmer zwei Stühle nebeneinander und zwei dahinter. «Das ist ja prima», sagte die Großmutter zu ihrem Enkel und bereitete lächelnd einen Teig fürs Mittagessen zu. Großvater legte italienische Musik auf. Er summte die Melodien mit und machte dabei einen vergnügten Eindruck. Draußen schien die Sonne, und ein leichter Wind bewegte die Zweige der Bäume und Sträucher. Dabei entstand ein Rauschen, das irgendwie an Meeresrauschen erinnerte. Nachdem der Großvater mit den Kindern im selbst gebauten Cabrio singend unterwegs war, klang es aus der Küche: «Bella Italia, willkommen im Mitmach-Restaurant.» – «Was ist ein Mitmach-Restaurant?», wollte Tobias wissen. «Ich denke», antwortete der Großvater, «wir werden als Küchenhelfer gebraucht.» – «Mille grazie», war sogleich aus der Küche zu hören.

Auf jeden warteten schon ein kleines Pizzablech und eine Teigkugel. Außerdem hatte Großmutter diverse Zutaten zum Belegen vorbereitet: Tomatensoße, Paprika, Tomatenscheiben, Mozarella, Oliven, Zwiebeln, Kräuter, geriebener Käse. Jeder durfte seine Pizza so belegen, wie er wollte. «Beim nächsten Mal möchte ich aber auch helfen, den Teig zu kneten», beschwerte sich die Enkelin. «Wir werden gleich noch einen anderen Teig kneten.» – «Noch mehr Pizza?» – «Nein, Teig für Cantuccini.» – «Was ist das?» – «Cantuccini ist ein italienisches Mandelgebäck. Es wird von Erwachsenen vor oder nach dem Essen in Rotwein oder Espresso getaucht. Frisch gebacken schmeckt es aber auch zu Tee, Kaffee oder Kakao. Na, habt ihr Lust, für heute Nachmittag welche zu backen?» Was für eine Frage. Natürlich hatten alle Lust dazu. Nachdem die Pizza im Ofen war und ein herrlicher Geruch durch die Küche zu strömen begann, kneteten sie zusammen den Teig für das süße Mandelgebäck. Mehl, Eier, Zucker, Öl und Mandeln wurden untereinander vermengt und tüchtig geknetet. «Oh, ist das aber anstrengend!», rief Christina. Es war gut, dass die Großmutter mithalf, denn der Teig war zäh und es brauchte wirklich sehr viel Kraft, bis die Zutaten gut verknetet waren.

Inzwischen duftete es im ganzen Haus herrlich nach Pizza. Großvater hatte bereits den Tisch auf der Terrasse gedeckt. Bei diesem sommerlichen Wetter wollten sie natürlich draußen essen – eben wie in Italien. Großmutter schnitt die Pizzen in kleine Stücke und richtete sie auf einer großen Platte an.

«Du hast ja das Besteck vergessen!» – «Echte Italiener essen ihre Pizza mit den Fingern», wusste Großvater. «Und wenn man in Italien Urlaub macht, darf man das auch! Buon appetito!» Im Hintergrund war immer noch italienische Musik zu hören. Christina verstand zwar fast kein Wort, merkte aber, dass sie zu einer fröhlichen Stimmung beitrug. Auch das Eis zum Nachtisch und das Mandelgebäck am Nachmittag waren nicht zu verachten. Großvater lehnte sich zufrieden im Liegestuhl zurück, hob seine Teetasse und flüsterte Großmutter mit einem Lächeln «oh, la dolce vita» zu. «Italien ist schön», stellte Tobias am Abend zufrieden fest. Er war sehr müde und schlief gleich **ein.**

Pizza

Zutaten & Zubereitung

Für den Teig

400 g Weizenvollkornmehl — in eine Schüssel geben und in die Mitte eine Mulde drücken.

1/2 Würfel Hefe
1 Prise Zucker — in
1/4 l lauwarme Milch — auflösen. Die aufgelöste Hefemilch in die Mehlmulde gießen,

1/2 Teelöffel Salz
1 Ei
1 Esslöffel Olivenöl — dazugeben und von der Mitte aus mit einer Gabel verrühren. Dann mit der Hand gut durchkneten, bis ein geschmeidiger Teig entsteht. Zugedeckt an einem warmen Ort ca. 30 Minuten gehen lassen. Der Teig sollte sich in dieser Zeit verdoppeln. Nochmals gut durchkneten und auf ein mit

Öl — gefettetes Backblech ausrollen oder mit den Händen flachdrücken.

Für den Belag

1 Dose geschälte Tomaten — abtropfen lassen und in einer hohen kleinen Schüssel mit dem Pürierstab fein pürieren.

1 Teelöffel getrockneter Oregano
1 Esslöffel Olivenöl — dazugeben und mit
Salz und Pfeffer — abschmecken. Das Ganze auf den Teig verteilen.
50 g Parmesan — auf die Tomatensoße streuen.

	Nach Belieben die Pizza mit klein geschnittenen
Tomaten, Paprika, Pilzen, Mozzarella, Zwiebeln, Oliven, geriebenem Käse	belegen.
	Im vorgeheizten Backofen bei 225 °C 25 – 30 Minuten backen.
1 Kopf grüner Salat	waschen, einzelne Blätter etwas kleiner schneiden.

Italienischer Chefsalat

Zutaten & Zubereitung

100 g Rucola	verlesen und waschen.
4 Tomaten	waschen, das Grün vom Stiel entfernen, achteln.
4 hart gekochte Eier	pellen und vierteln.
1 kleine Zwiebel	schälen und in feine Ringe schneiden.

Alle Zutaten in eine große Schüssel geben.

Für die Salatsoße

1 Esslöffel Zitronensaft
2 Esslöffel Obstessig
1 Teelöffel Salz
1 Teelöffel Zucker
1 Messerspitze Pfeffer
1 Esslöffel Olivenöl mit Limetten- oder Zitronengeschmack

Parmesan am Stück

Die Zutaten in einen Schüttelbecher geben, gut durchschütteln und über die Salatzutaten gießen. Mit dem Käseschneider feine dünne Streifen vom schneiden und über den Salat geben.
Dazu passt toskanisches Brot vom Blech.

Toskanisches Brot vom Blech

Zutaten & Zubereitung

500 g Weizenvollkornmehl in eine Schüssel geben und in die Mitte eine Mulde drücken.

1 Würfel Hefe
1 Teelöffel Zucker
250 ml lauwarmes Wasser

in auflösen. Das aufgelöste Hefewasser in die Mehlmulde gießen.

1 gestrichener Teelöffel Salz
4 Esslöffel Olivenöl

dazugeben und von der Mitte aus mit einer Gabel verrühren. Dann mit den Händen gut durchkneten, bis ein geschmeidiger Teig entsteht. Zugedeckt an einem warmen Ort 30 Minuten gehen lassen.

	Der Teig sollte sich in dieser Zeit verdoppeln. Nochmals gut durchkneten, 10 Minuten ruhen lassen und dann auf ein mit
etwas Öl	gefettetes Backblech ausrollen oder mit den Händen flachdrücken. Mit einer Gabel mehrfach einstechen.
3 Zweige Rosmarin 3 Zweige Thymian	waschen, auf Küchenkrepp abtropfen lassen, vom harten Stiel befreien und klein schneiden. Dann auf dem Teig verteilen.
1 Teelöffel Salz	über den Teig streuen und
5 – 6 Esslöffel Olivenöl	darüberträufeln. 15 Minuten gehen lassen. Im vorgeheizten Backofen bei 200 °C 20 – 30 Minuten backen. Das Brot hält erstaunlich lange frisch und kann noch am nächsten Tag gegessen werden.

Bandnudeln mit Pesto

Zutaten & Zubereitung

Für den Nudelteig

500 g Weizenmehl (Typ 1050)	in eine Schüssel geben und in die Mitte eine Mulde drücken. Dahinein
4 Eier	
2 gestrichene Teelöffel Salz	
4 – 6 Esslöffel Wasser	geben und zunächst mit einer Gabel verrühren. Dann mit den Händen einen geschmeidigen Teig kneten. Den Teig in Alufolie wickeln und im Kühlschrank 30 Minuten ruhen lassen. Nun auf einer bemehlten Unterlage in kleinen Portionen hauchdünn ausrollen und mit einem Messer oder einem «Rädel» Streifen schneiden. Auf einem Geschirrhandtuch leicht trocknen lassen. In einem großen Topf
2 l Wasser	
2 Teelöffel Salz	zum Kochen bringen und die Nudeln darin ca. 6 – 9 Minuten bissfest garen.

Tipp

Mit einer Nudelmaschine wird der Teig besonders dünn und die Nudeln etwas feiner.

Für das Pesto

1 – 2 Töpfe Basilikum	
1 Handvoll Rucola	waschen, von den Stielen befreien
(ca. 100 g Kräuter zusammen)	und auf Küchenkrepp abtropfen lassen.
50 g Pinienkerne	in einer Pfanne bei mittlerer Temperatur unter ständigem Rühren leicht rösten.
1 Knoblauchzehe	schälen und grob hacken. Grob geschnittenes Basilikum, Rucola, geröstete Pinienkerne, klein geschnittene Knoblauchzehe und

150 ml Olivenöl	in einen Mixer geben oder mit einem Pürierstab langsam fein mixen. Zum Schluss
40 g geriebenen Parmesan	untermengen. Sollte das Pesto zu steif sein, einen weiteren Esslöffel Olivenöl dazugeben. Mit
Salz und Pfeffer	abschmecken.

Tipp
Pesto gelingt auch gut mit Wildkräutern wie Giersch, Löwenzahn, Pimpernell. Wildkräuterpesto hat einen leicht bitteren Geschmack.

Kartoffelgnocchi

Zutaten & Zubereitung

1 kg mehlig kochende Kartoffeln	waschen und in einen Topf füllen und zu 2/3 mit
Wasser	bedecken.
1 Teelöffel Salz	dazugeben. Bei mittlerer Temperatur 20 Min. garen, abkühlen lassen und pellen. Die noch warmen Kartoffeln durch eine Kartoffelpresse auf eine leicht bemehlte Arbeitsfläche drücken.
400 g Mehl	
2 Eigelb	
60 g geriebenen Parmesan	
60 g Butter	nach und nach unterkneten, bis ein glatter Teig entstanden ist.
	Mit
Salz, Pfeffer und Muskatnuss	abschmecken.
	Den Teig in vier Portionen aufteilen. Jeweils auf einer bemehlten Arbeitsfläche Rollen formen, in ca. 2 cm lange Stücke schneiden.

Die Stücke zu ovalen Kugeln rollen und auf jede Kugel einmal mit dem Rücken einer Gabel drücken. In einem großen Topf

1,5 l Wasser und
1 Teelöffel Salz

zum Kochen bringen. Nach und nach Gnocchi ins heiße Wasser geben und 4 Minuten ziehen lassen. Dafür die Temperatur etwas zurückdrehen. Sobald die Gnocchi oben auf dem Wasser schwimmen, sind sie gar und werden mit einem Schaumlöffel herausgenommen. Gut abtropfen lassen.
Im Backofen bei 150 °C warm halten, bis alle Gnocchi gegart sind.

Tomatensoße

Zutaten & Zubereitung

750 g Tomaten — waschen, vom grünen Stielansatz befreien und klein schneiden.

1 Zwiebel
1 Knoblauchzehe — schälen und klein schneiden.
2 Esslöffel Olivenöl — in einer Pfanne erhitzen, klein geschnittene Tomaten, Zwiebeln und Knoblauch dazugeben und bei mittlerer Temperatur köcheln lassen. Ab und zu umrühren.
Mit
Salz, Pfeffer, Paprika abschmecken.
1 Zweig Basilikum, Rosmarin und Thymian — waschen, klein schneiden und unter die Tomatensoße geben. Einmal aufkochen lassen.

Maisgnocchi

Zutaten & Zubereitung

1 1/4 l Wasser	
2 Teelöffel Salz	in einem Topf zum Kochen bringen
350 g Maisgrieß	unter ständigem Rühren mit dem Schneebesen langsam ins heiße Salzwasser rieseln lassen und einmal aufkochen. Auf der heißen Herdplatte 30 Minuten zugedeckt quellen lassen.
150 g Parmesan	fein reiben.
	Eine Auflaufform gut mit
etwas Butter	ausreiben.

	Mit einem Teelöffel Gnocchi aus dem Maisgrieß-brei ausstechen und in die Auflaufform geben. Den Löffel zwischendurch immer wieder in eine Tasse mit heißem Wasser tauchen. Jede Lage Gnocchi mit reichlich Parmesan bestreuen.
200 ml süße Sahne	Zum Schluss über die Gnocchi gießen. Im vorgeheizten Backofen bei 200 °C 10 Minuten überbacken.
	Dazu passt ein grüner oder gemischter Salat.

Tipp
Dieses Rezpet lässt sich gut an einem Tag vorbereiten und am nächsten Tag Sahne darübergießen und ausbacken.

Gemischter Salat

Zutaten & Zubereitung

1 Kopf Blattsalat (Kopfsalat, Lollo rosso oder Eichblatt)	putzen, waschen und klein schneiden. Gut abtropfen lassen oder in eine Salatschleuder geben.
200 g Kirschtomaten	waschen, halbieren, grünen Stielansatz entfernen.
1/2 Salatgurke	waschen und in Stücke schneiden. Alles in eine große Schüssel geben und sehr vorsichtig miteinander vermengen.

Für die Salatsoße

1/2 Teelöffel Salz
1 Teelöffel Zucker
1 Esslöffel Zitronensaft
1 Esslöffel Apfelessig
1 Teelöffel Sahnemeerrettich
150 ml Sahne
1 Esslöffel Naturjoghurt

in einen Schüttelbecher geben, gut miteinander vermengen und kurz vor dem Servieren über den Salat gießen. Vorsichtig durchmengen.

Beerentiramisu

Zutaten & Zubereitung

150 g Butterkekse	in eine Auflaufform krümeln.
150 ml schwarzer Johannisbeersaft oder Orangensaft	darüberträufeln.
500 g gemischte Beerenfrüchte (Johannisbeeren, Himbeeren, Heidelbeeren usw.)	waschen und gut abtropfen lassen. Mit
2 Esslöffel Apfeldicksaft	vermischen und über die eingeweichten Kekskrümel verteilen.
250 g Mascarpone 250 g Quark 20 % 3 Esslöffel brauner Zucker	vermischen und mit einem Handrührgerät zu einer Creme rühren. Sollte die Masse zu fest sein, etwas Milch oder Sahne hinzufügen. Die Creme gleichmäßig über den Früchten in der Auflaufform verteilen. Vor dem Servieren 2 Stunden kalt stellen.
2 – 3 Esslöffel Kakao	Kurz bevor sie gegessen wird, über die Creme sieben.
Minze- oder Melisseblätter und Beeren	zum Garnieren verwenden.

Cantuccini

Zutaten & Zubereitung

500 – 550 g Dinkelmehl (Typ 1050)
350 g Zucker
2 Esslöffel Olivenöl
3 ganze Eier
1 Eigelb
3 Esslöffel alkoholfreier Amaretto
1 Päckchen Backpulver

200 g ganze Mandeln
oder Haselnüsse

Alle Zutaten in eine Schüssel geben und mit einem Handrührgerät und den Knethaken verrühren. Dann mit einer Hand die Schüssel halten und mit der anderen Hand

untermengen. Man braucht viel Kraft, bis aus allen Zutaten ein zäher, schwerer Teig wird, der nicht mehr kleben darf. Eventuell noch etwas Mehl dazugeben. Nun den Teig in vier gleich große Stücke teilen.

Mehl	Auf einer mit bestreuten Unterlage Rollen formen, die fast so lang sind wie ein Backblech.
	Zwei Backbleche mit
Backpapier	auslegen und jeweils 2 Teigrollen darauflegen.
1 Eigelb und 1 Esslöffel Sahne	miteinander verquirlen und die Teigrollen damit bestreichen.

Im vorgeheizten Backofen bei 150 °C 40 – 50 Minuten backen. 10 Minuten abkühlen lassen und dann in gleichmäßige Scheibchen schneiden. Auch dafür braucht es richtig Kraft.
Die Cantuccini auf einem Kuchengitter vollständig abkühlen lassen. Sie schmecken frisch gebacken, aber auch, wenn sie noch 1 – 3 Tage weiter getrocknet sind und somit härter werden. Das getrocknete Mandelgebäck in einer Blechdose aufbewahren.

Panna Cotta

Zutaten & Zubereitung

500 ml süße Sahne

2 gehäufte Esslöffel Maismehl (Speisestärke)

2 Esslöffel brauner Zucker

3 Esslöffel davon wegnehmen und in einen Schüttelbecher geben. Die restliche Sahne in einem kleinen Topf zum Kochen bringen.

zu der Sahne in den Schüttelbecher geben und gut durchschütteln! Sobald die Sahne kocht, den Inhalt des Schüttelbechers unter ständigem Rühren in die heiße Flüssigkeit schütten. Einmal aufkochen lassen, in ausgespülte Espressotassen zum späteren Stürzen füllen, abkühlen lassen.

500 g Erdbeeren oder andere Früchte wie Nektarinen, Aprikosen oder Heidelbeeren	waschen, klein schneiden und in einen Mixer geben.
1 Esslöffel Zitronensaft	
Zucker nach Belieben	dazugeben und zu einer Fruchtsoße mixen. Diese Fruchtsoße kann als Fruchtspiegel auf einem Teller verteilt werden und das völlig erkaltete Panna Cotta daraufgestürzt werden oder aber einfach über das Panna Cotta in der Schüssel gegossen werden.
Einige Minzeblätter oder Blüten	zum Garnieren verwenden.

Erdbeereis

Zutaten & Zubereitung

500 g Erdbeeren
oder andere Früchte
wie Heidelbeeren, Bananen   waschen und im Mixer pürieren
(geht auch mit einem Pürierstab).

1 Messerspitze Bourbon-Vanille   und
200 g brauner Zucker   dazugeben.
250 g süße Sahne   steif schlagen und unter das Fruchtmus heben.
Entweder in eine flache Schale oder in «Eis-am-Stiel-Formen» füllen und 4 – 6 Stunden ins Gefrierfach stellen.

Großvaters
Geburtstag

Zwischen den zugezogenen Gardinen drängelte sich ein Sonnenstrahl hindurch und kitzelte das kleine Mädchen mit den zwei blonden Zöpfen an der Nasenspitze. Aber auch der süße Duft von frischem Kuchen ließ Christinas Lebensgeister erwachen. Fast so schnell wie der Blitz sprang sie aus dem Bett. Morgen war Großvaters runder Geburtstag, ein besonderer Geburtstag also.

Seit Wochen liefen schon die Vorbereitungen. Das Haus wurde von oben bis unten geputzt, es wurden Einladungen gebastelt und verschickt, der Garten wurde auf Vordermann gebracht. Und heute, ja heute, sollten viele leckere Kuchen gebacken werden.

Großvater hatte immer Geburtstag, wenn im Garten die Rosen blühten und die Johannisbeeren reif waren. Vielleicht war darum auch Johannisbeerkuchen sein Lieblingskuchen. Der musste also sein, und Großmutter backte für jeden in der Familie den jeweiligen Lieblingskuchen. Christina wollte meistens einen Maulwurfkuchen und Tobias Amerikaner. Mama mochte Schoko-Walnuss-Muffins und Papa, ja Papa, der konnte sich nicht entscheiden und wünschte sich jedes Jahr eine andere Sahnetorte zum Geburtstag.

Christina war schneller als sonst mit ihrer «Katzenwäsche» fertig. So nannte es ihre Mama, wenn sie sich nicht so gründlich wusch. Sie eilte die Treppe hinunter, immer dem Kuchenduft nach. Unterwegs überholte sie Tobias.

«Au-a», schrie der gleich wie eine Sirene los. «Guten Morgen, ihr Langschläfer», sagte Großmutter betont freundlich und wischte sich die Hand an ihrer Schürze ab. «Christina hat mich geschubst», jammerte Tobias und holte tief Luft, um erneut loszuschreien. «Das stimmt ja gar nicht», protestierte die große Schwester. «Dooooch!» – «Na, nun kommt erst mal rein, ich habe nämlich eine Teigschüssel zum Schlecken», beschwichtigte die Großmutter.

Eine Teigschüssel zum Schlecken – und das vor dem Frühstück, so etwas hatte es noch nie gegeben! In solch einem Fall musste man sich ruhig und unauffällig verhalten, das wusste Christina genau. Deshalb ließ sie dem kleinen Bruder auch den Vortritt beim Ausschlecken und bestand nicht auf ihr stets lautstark eingeklagtes Erstgeborenenvorrecht. Hhm, der Teig schmeckte einfach zu lecker!

In den Tagen zuvor waren die Kinder damit beschäftigt gewesen, ein Geschenk für den Großvater zu finden. Das war gar nicht so einfach. Ein Bild malen wollte Christina auf gar keinen

Fall. So etwas machten Kindergartenkinder oder Erstklässler, aber keine Fast-Viertklässlerin. Niemals. Nein, sie wollte ein richtig gutes Geschenk für Großvater. Darum fragte sie ihn einfach. «Großvater, wenn eine Fee käme und du drei Wünsche frei hättest, was würdest du dir wünschen?» – «Ich würde mir wünschen, dass es keinen Krieg mehr auf der Erde geben würde.» – «Und was noch?» – «Dass wir alle gesund bleiben.» – «Und als dritten Wunsch?» – «Dass alle Menschen auf der Welt genügend zu essen und zu trinken hätten!» – «O menno, das sind alles keine Sachen, die wir dir zum Geburtstag schenken könnten!» – «Eigentlich habe ich keine Wünsche zum Geburtstag. Ich habe doch alles, was ich brauche, und meine größte Freude seid ihr beiden, du und Tobias.»

Nun war Christina genauso schlau wie vorher. Sie musste sich also doch selbst ein Geschenk ausdenken. Auf der Schaukel im Garten schwang sie langsam und grübelnd hin und her. Dabei wehten ihre Haare im Wind. Sie dachte darüber nach, was Großvater alles gerne machte: Zeitung lesen, im Garten arbeiten, auf der Bank sitzen und die Vögel beobachten, ja, und Tee trinken. Plötzlich hatte sie eine Idee. Sie sprang von der Schaukel hinunter und die Treppe hinauf.

«Ma – ma! – Ma – ma!» – «Ich bin hier im Wohnzimmer.» Sie saß auf dem Sofa mit ihrem Strickzeug in der Hand. Die Uhr über dem Klavier hatte gerade halb geschlagen. «Mama, als wir neulich in der Kräutergärtnerei waren, da gab es doch ein Beet nur mit Kräutern, aus denen man Tee kochen kann.» – «Ja, das ist richtig, aber warum fragst du das?» – «Großvater trinkt doch so gerne Tee, und da könnte ich ihm doch einen Pflanzkasten mit Teekräutern schenken. Oder?» – «Das ist eine prima Idee. Wir müssen Tobias mal fragen, vielleicht möchte er ihm eine schöne Dose mit Gebäck dazu schenken? Denn zu einem guten Tee gehört auch ein guter Keks.» – «Ja, toll! Und die Kekse, die backen wir selbst.» – «Wie wär's mit Haferkeksen?» – «Mmm! Mmm, Haferkekse, lecker.»

In der Kräutergärtnerei suchten Christina und ihre Mama drei Teekräuter aus, die noch nicht im Garten wuchsen: dalmatinischer Salbei, aztekisches Süßkraut und Ananasminze. Sie waren von der Form der Blätter her ganz unterschiedlich und hatten einen sehr intensiven Duft, wenn man sie anfasste. «Diese Kräuter hat Großvater ganz bestimmt noch nicht in seinem Garten», da war sich die Enkelin sicher.

Sonntags, als Großvater zur Kirche ging, wurden heimlich die Haferkekse gebacken. Zum Glück passten nicht alle in die Dose, sodass Christina und Tobias auch noch welche naschen durften. Nun galt es, das Geheimnis noch zu bewahren. Christina konnte es kaum erwarten, bis sie endlich dem weltallerbesten Großvater zum runden Geburtstag gratulieren und ihn mit ihrem Geschenk überraschen konnte.
Übrigens, auch Großmutter hatte natürlich einen Lieblingskuchen – nicht nur am Geburtstag. Sie mochte am liebsten Brownies mit **Sauerkirschen.**

Johannisbeerkuchen

Zutaten & Zubereitung

Für den Teig
150 g kalte Butter
3 Eigelb
200 g brauner Zucker
1 Teelöffel Backpulver
300 g Weizenmehl (Typ 1050)

Alle Zutaten in eine Schüssel geben und mit einem Handrührgerät und den Knethaken verrühren, dann mit den Händen den Teig zu einem Kloß kneten.
Mit

etwas Butter

eine Springform (26 cm Durchmesser) fetten.
Die Hälfte des Teiges für den Belag zur Seite stellen. Von der anderen Hälfte 2/3 auf den Boden der Springform drücken und mit einer kleinen Teigrolle ausrollen. Aus dem Rest des Teiges eine lange Rolle formen, auf den Boden der Springform legen und als Rand 2 – 3 cm hoch andrücken.

Für die Füllung
1 Esslöffel Vollkornweizengrieß
250 g frische oder tiefgefrorene Johannisbeeren

auf den Teig verteilen.

drübergeben.
Die andere Hälfte des Teiges für den Belag zu Streuseln verbröseln und auf den Beeren verteilen. Im vorgeheizten Backofen auf mittlerer Schiene bei 175 °C 40 Minuten backen.

Für den Belag
3 Eiweiß
100 g braunen Zucker
200 g grob gehackte Haselnüsse
(Lassen sich prima mit einem Wiegemesser hacken)

steif schlagen und währenddessen nach und nach dazugeben.
vorsichtig unterheben.
Die Masse auf den Kuchen streichen.

Nun bei 200 °C noch ca. 15 Minuten backen.
In der Form abkühlen lassen und dann auf ein Kuchengitter setzen.
Vor dem Servieren mit Puderzucker bestreuen.

Das doppelte Rezept ist ausreichend für ein Backblech.

Maulwurfkuchen

Zutaten & Zubereitung

Für den Teig
70 g Butter
100 g Zucker
5 Eigelb — in einer Schüssel mit einem Rührgerät schaumig rühren.

150 g Haselnüsse
100 g Zartbitter-Schokolade — fein reiben, in die Schüssel geben und unterrühren.
5 Eiweiß — steif schlagen und mit einem Schneebesen vorsichtig unter den Teig heben.

In einer gefetteten Springform bei 170 °C ca. 40 Minuten backen. Auf einem Kuchengitter über Nacht auskühlen lassen.

Am nächsten Tag den Kuchen mit einem Teelöffel aushöhlen. Dabei einen Rand von ca. 2 cm stehen lassen.

Für die Füllung
2 Becher Sahne — steif schlagen.
1 Glas Sauerkirschen
oder
2 Dosen Mandarinen
oder
1 große Dose Pfirsiche
(müssen klein geschnitten werden) — in ein Sieb schütten (Schüssel drunterstellen nicht vergessen!) und abtropfen lassen.

	In einer Schüssel Kuchenkrümel, steif geschlagene Sahne und abgetropftes Obst miteinander vermengen und den Kuchen damit füllen.
	Mit
100 g Schokoraspeln	bestreuen.
	oder
100 g Schokolade	mit einem Spargelschäler raspeln und den Kuchen bestreuen.

Amerikaner

Zutaten & Zubereitung

Für den Teig

125 g weiche Butter	klein schneiden und in eine Schüssel geben.
150 g Zucker	
4 Eier	dazugeben und mit einem Rührgerät schaumig rühren.
4 Esslöffel Milch	
1 Messerspitze Bourbon-Vanille	unterrühren.
	Unter
375 g Mehl	
1 Päckchen Backpulver	mengen, zu den anderen Zutaten in die Schüssel sieben und zu einem zähflüssigen Teig verrühren. Mit einem Esslöffel kleine Plätzchen auf ein mit Backpapier ausgelegtes Backblech setzen. 25 – 30 Minuten bei 180 °C backen. Nach dem Backen auf einem Kuchengitter abkühlen lassen.

Für den Schokoladenguss

1 Esslöffel Palmfett (Kokosfett)	in einem Topf bei niedriger Temperatur zum Schmelzen bringen.
100 g Zartbitterschokolade	dazugeben und so lange rühren, bis die Schokolade geschmolzen ist. Vom Herd nehmen und einen Teil der Amerikaner mit einem Pinsel mit dem Schokoladenguss bestreichen.

Für den Zuckerguss

2 Esslöffel Milch	
125 g gesiebter Puderzucker	miteinander vermengen und den Rest der Amerikaner damit bestreichen.

Schoko-Walnuss-Muffins

Zutaten & Zubereitung

150 g Butter	
160 g brauner Zucker	in einem Topf zum Schmelzen bringen, mehrmals umrühren.
2 Eier	
170 ml Milch	in einen Schüttelbecher geben und gut durchschütteln.
325 g Weizenmehl (Typ 1050)	
3 Teelöffel Backpulver	
3 Esslöffel Kakaopulver	
100 g gehackte Walnüsse	
125 g gehackte Zartbitterschokolade	Alle Zutaten in eine Schüssel geben und miteinander vermengen. In die Mitte eine Mulde drücken, Butter und Eimischung da hineingeben und mit einem Esslöffel die Zutaten zu einem Teig verrühren, der noch Klümpchen haben darf.

12er-Muffinform mit Papiermuffinförmchen auslegen und den Teig darin verteilen.
Im vorgeheizten Backofen bei 200 °C ca. 15 Minuten backen.

Tipp
Die Walnüsse und die Schokolade lassen sich gut mit einem Wiegemesser grob hacken.

Schoko-Bananen-Torte

Zutaten & Zubereitung

Für den Boden
2 Eier
2 Esslöffel warmes Wasser
100 g brauner Zucker

in eine Schüssel geben und mit einem Rührgerät schaumig rühren.

100 g Weizenmehl (Typ 1050)
1 Teelöffel Backpulver

vermischen und fein gesiebt unter die Schaummasse heben. In einer Springform (nur den Boden fetten!) bei 170 °C ca. 20 Minuten backen. Nach dem Backen mit einem Messer den Tortenboden vom Rand der Form lösen und auf ein Kuchengitter stürzen. Am nächsten Tag einen Tortenring um den Boden legen.

Für den Belag

3 – 4 Bananen	schälen, in Scheiben schneiden, mit
Zitronensaft	beträufeln und auf dem Kuchen verteilen. Die Bananenscheiben sollen schuppenartig überlappen.
200 g Vollmilchschokolade	in
150 ml Sahne	bei niedriger Temperatur zum Schmelzen bringen, abkühlen lassen und auf den Bananenscheiben verteilen. Kuchen kalt stellen, bis die Schokolade nicht mehr fließt. Tortenring entfernen.
3 Becher Sahne	steif schlagen. Ungefähr 1/3 davon in eine Tortenspritze mit großer Tülle füllen. Die restliche Sahne auf den Bananen und dem Tortenrand verteilen. Torte mit
Schokoraspeln	bestreuen und um den Rand mit dicken Sahnetupfen verzieren.

Haferkekse

Zutaten & Zubereitung

200 g Butter	in einem Topf bei mittlerer Temperatur zum Schmelzen bringen.
250 g feine Haferflocken	in eine Schüssel geben, mit der heißen Butter überbrühen, umrühren und auf Handwärme abkühlen lassen.
100 g Weizenmehl und 1 Teelöffel Backpulver	vermischen und in die Schüssel zu den anderen Zutaten geben.
175 g brauner Zucker 1 Messerspitze Bourbon-Vanille 2 Eier	zum Teig geben und mit einem Esslöffel gut verrühren.

Auf ein mit Backpapier ausgelegtes Backblech kleine flache Teighäufchen setzen. Diese sollten genügend Abstand haben, da sie beim Backen noch etwas auslaufen.

Bei 180 °C im vorgeheizten Backofen ca. 15 Minuten backen.

Auf dem Backblech abkühlen lassen.

Tipp

Mit der einen Hälfte des Teiges helle Kekse backen, unter die andere Hälfte des Teiges 1 Esslöffel Kakao, 1 Esslöffel Wasser und 1 Esslöffel Zucker mischen für Schoko-Haferkekse.

Brownies mit Sauerkirschen

Zutaten & Zubereitung

4 Eier	
250 g brauner Zucker	
250 g weiche Butter	in eine Schüssel geben und mit einem Rührgerät schaumig rühren.
150 ml Milch	
1 Prise Salz	
1 Messerspitze Bourbon-Vanille	dazugeben.
1 Teelöffel Zimt	
200 g Weizenvollkornmehl	
200 g Weizenmehl (Typ 1050)	
175 g Kakao	
1 Päckchen Backpulver	vermischen und fein gesiebt mit dem restlichen Teig vermengen.
2 Gläser Sauerkirschen	in einem Sieb (Schüssel darunterstellen nicht vergessen) abtropfen lassen. Die abgetropften Kirschen unter den Teig heben. Auf einem mit Backpapier ausgelegten Backblech verteilen. Im vorgeheizten Ofen bei 180 °C ca. 40 Minuten backen. Abkühlen lassen. Vor dem Servieren mit
Puderzucker	bestreuen und in Würfel schneiden.

Das
Kartoffelerntefest

«**Mir** ist langweilig!» Die Großmutter stand in der Küche, hatte eine Schürze umgebunden und einen Kochlöffel in der Hand, als sie die quengelige Stimme ihrer Enkelin hörte. «Heute gibt es Kartoffelsuppe. Großvater hat mit der Ernte begonnen, und von den allerersten will ich eine Suppe kochen. Willst du ihm nicht helfen?»

Das kleine Mädchen mit den blonden Zöpfen konnte sich noch gut daran erinnern, wie sie im Frühling tiefe Furchen in die Erde gezogen und im Abstand von fünfzig Zentimetern kleine Kartoffeln in die Erde gelegt hatten. Großmutter hatte ganz besondere Legekartoffeln gekauft. Die hatten unterschiedliche Farben. Da gab es gelbe, rote und sogar blaue. Christina war ganz gespannt, was aus diesen Kartoffeln, den «Buntoffeln», wie sie sie genannt hatte, den Sommer über in der Erde geworden war.

Sie ließ die Großmutter samt Schürze und Kochlöffel einfach in der Küche stehen und lief direkt zum Kartoffelbeet in den Garten. Großvater hatte seinen Strohhut aufgesetzt und die Ärmel seines Flanellhemdes hochgekrempelt. Auf der Stirn standen kleine Schweißperlen, die er mit seinem Handrücken wegwischte. Schon seit Wochen waren die Großeltern mit dem Ernten im Garten beschäftigt: Äpfel, Birnen, Zwetschgen, Weintrauben, Brombeeren, Möhren, Kürbisse, Tomaten und sogar Broccoli waren reif und wollten versorgt werden.

«Na endlich kommst du», rief er ihr schon entgegen. «Ich brauche doch jemanden, der mir hilft. Außerdem ist Kartoffelernten wie Geschenkeauspacken. Man weiß nicht so genau, was drin ist, und kann angenehm oder unangenehm überrascht werden.»

So hatte das Christina noch nie gesehen. «Woher weißt du denn, dass das ‹Päckchen› aufgemacht werden darf und du nicht noch warten musst?» – «Nun», begann Großvater, «im Sommer war das Kartoffelkraut so hoch, wie deine Beine lang sind. Die Kartoffeln blühten, und wir mussten sie während der großen Hitze gießen. Jetzt im Herbst ist das Kraut allmählich abgetrocknet, und das ist ein Zeichen dafür, dass die Frucht in der Erde reif ist. Vorsichtshalber habe ich heute Morgen noch eine Probegrabung vorgenommen. Ja – und jetzt können wir alle Kartoffeln ernten.»

Mit Hilfe einer Grabgabel, die der Großvater tief in die Erde steckte, holte er die ersten Kartoffeln aus ihrem finsteren Versteck. Jede Einzelne hatte eine andere Form. Christina staunte, kicherte bei manchen Formen verstohlen und sammelte sie in einen Korb. Bis zum späten Nachmittag waren die meisten Körbe randvoll.

«Na, da haben wir aber eine reichliche Ernte erhalten», sagte der Großvater, die Hände auf der Grabgabel abgestützt und mit Freude auf die gefüllten Körbe blickend. «Können wir davon jetzt den ganzen Winter essen?», wollte die Enkelin wissen. «Nein, für den ganzen Winter werden sie nicht reichen, aber schon für ein paar Wochen, dann müssen wir wieder welche beim Bauern kaufen.» – «Wo haben die denn die Kartoffeln her?» – «Na ja, es gibt Kartoffelbauern, die pflanzen eine so große Menge an, dass sie für viele Menschen den ganzen Winter reichen.» – «Auf der ganzen Welt?» – «Nein, natürlich nicht auf der ganzen Welt. Es gibt nicht überall so reichlich zu essen wie bei uns. Wenn in unserem Garten nicht genügend wächst, dann können wir in ein Lebensmittelgeschäft gehen und uns das kaufen, was wir möchten.» – «Und warum wächst nicht überall so viel wie bei uns?», wollte Christina wissen. «In manchen Ländern regnet es sehr oft und manchmal auch so viel, dass eine ganze Ernte zerstört werden kann. Oder es regnet monatelang gar nicht und alles vertrocknet.» – «Aber dann können die Leute doch in ein Geschäft gehen und sich kaufen, was sie brauchen.» – «Ganz so einfach ist das leider nicht. Oft haben diese Menschen nicht genug oder gar kein Geld, um etwas kaufen zu können, und außerdem gibt es nicht überall so ein Nahrungsangebot.» Der Großvater wurde sehr nachdenklich und legte seine Stirn in Falten. Das tat er immer, wenn er angestrengt nachdachte. «Weißt du was», sagte er plötzlich mit einem Leuchten in den Augen. «Wir feiern am Wochenende ein Kartoffelerntefest und zeigen unsere Freude darüber, dass wir hier leben dürfen, und danken dem lieben Gott für unsere gute Ernte. Was hältst du davon?» – «Super! Aber wie feiert man ein Kartoffelerntefest?» – «Also, wir werden das verdorrte Kartoffelkraut für ein Feuer, ein Kartoffelfeuer, zusammenrechen. Darin können wir dann Folienkartoffeln zubereiten.» – «Mm – mit Kräuterquark!» – «Vielleicht backt Großmutter noch einen Apfelkuchen dazu. Wir könnten natürlich auch ein Feuer im Feuerkorb machen und in einer Pfanne Kartoffelpuffer backen!» – «Und dazu gibt's dann frisches Apfelmus. Lecker!» – «Klar. Und wenn es dunkel wird, zünden wir alle Laternen im Garten an.» – «Prima! Aber Großvater, was machen wir, wenn es regnet?» – «Och, dann gibt es gefüllte Kartoffeln aus dem Backofen. Oder eine Kartoffelpizza. Oder Backofenpommes. Da wird uns schon was einfallen.» Christinas Augen sprühten vor Begeisterung. Sie konnte sich alles schon so richtig vorstellen. Mama wollte sie noch fragen, ob Tobias und sie auch ein paar Freunde einladen dürften. Ja, ein Kartoffelerntefest, das wollte sie gerne **feiern.**

Kartoffelpuffer

Zutaten & Zubereitung

1 kg mehlig kochende Kartoffeln	waschen, schälen, auf einer Reibe fein reiben.
1 Zwiebel	schälen, fein reiben und mit den Kartoffeln in eine Schüssel geben.
3 Esslöffel saure Sahne	dazugeben und verrühren.
1/2 Teelöffel getrockneter Majoran	
1 Ei	
3 Esslöffel Weizenvollkornmehl	untermengen.
	Mit
Salz und etwas Muskat	abschmecken.
	In einer Pfanne reichlich
Öl	bei mittlerer Temperatur erhitzen. Dann mit einem Esslöffel kleine Puffer in die Pfanne geben, flach drücken und goldbraun und knusprig auf beiden Seiten backen.

Dazu schmecken Apfelmus oder Kräuterquark.

Bratkartoffeln

Zutaten & Zubereitung

1 kg festkochende Kartoffeln	waschen, in einen Topf geben und zu 2/3 mit
Wasser	bedecken.
1 Teelöffel Salz	dazugeben und bei mittlerer Temperatur 15 – 20 Minuten garen. Abkühlen lassen und schälen. In einer Pfanne
40 g Butterschmalz	bei mittlerer Temperatur zum Schmelzen bringen und die in Scheiben geschnittenen Kartoffeln dazugeben.
Salz nach Belieben	darüberstreuen. Mit einem Pfannenheber die Kartoffeln mehrmals wenden, bis sie die gewünschte Bräune haben. Dazu passt ein Salat.

Kartoffelwaffeln

Zutaten & Zubereitung

1/2 Würfel Hefe	in
250 ml lauwarmer Milch	auflösen.
100 g Weizenvollkornmehl	in eine Schüssel geben und in die Mitte eine Mulde drücken. Die aufgelöste Hefemilch in die Mehlmulde gießen. Mit einer Gabel langsam in der Schüssel rühren, bis ein flüssiger Teig entsteht. Zugedeckt an einem warmen Ort ca. 20 Minuten gehen lassen.
1 kg Kartoffeln	waschen, schälen und auf einer Reibe fein reiben. Nun die Masse auf ein sauberes Küchenhandtuch geben, die vier Ecken zusammenhalten und so herumdrehen, dass das Wasser aus den Kartoffeln gedrückt wird. Die trockene Masse in eine Schüssel geben.
1 Möhre	waschen, schälen, fein reiben und zu den Kartoffeln geben.
1 kleine Zwiebel	schälen, fein schneiden und hinzufügen.
3 Eier	dazugeben und mit
1 Teelöffel Salz	
1 Messerspitze Pfeffer	
1 Messerspitze geriebenem Muskat	würzen und alles gut umrühren.

Nun den Hefeteig mit der Kartoffelmasse vermengen, nochmals abschmecken und in einem gefetteten Waffeleisen backen.
Dazu schmecken Apfelmus oder Kräuterquark.

Kräuterquark

Zutaten & Zubereitung

1 kg Quark 20 %	mit
2 – 6 Esslöffel Milch	in einer Schüssel verrühren.
1 kleine Zwiebel	schälen, klein schneiden und zum Quark geben.
1 Hand voll Petersilie, Dill und Schnittlauch	waschen, auf einem Küchenkrepp gut abtropfen lassen und fein hacken, zum Quark in die Schüssel geben.
	Mit
Salz, Pfeffer und Paprika	würzen.

Apfelmus

Zutaten & Zubereitung

1 kg Äpfel	waschen, vierteln und das Kerngehäuse entfernen. Mit
1/4 l Wasser	in einem Topf bei mittlerer Temperatur weich köcheln, dann durch eine Flotte Lotte drehen. Mit
braunem Zucker	nach Belieben süßen. Je nach Apfelsorte ist etwas mehr oder weniger Zucker nötig.

Kartoffelbrei

Zutaten & Zubereitung

1 kg mehlig kochende Kartoffeln	waschen, schälen, in Stücke schneiden. In einen Topf füllen und zu 2/3 mit
Wasser	bedecken.
1 Teelöffel Salz	dazugeben. Bei mittlerer Temperatur 15 – 20 Minuten garen. Danach möglichst heiß mit einem Kartoffelstampfer zerdrücken oder durch eine Kartoffelpresse geben.
250 ml Milch (evtl. etwas mehr)	mit
40 g Butter	in einem Topf erhitzen und über die heißen, zerdrückten Kartoffeln geben. Mit einem Handrührgerät* so lange rühren, bis ein luftiger Brei entsteht.
	*Keinen Pürierstab verwenden, da dieser nur zerkleinert und nicht Luft unterhebt.
	Den Brei mit
Salz und frisch geriebenem Muskat	abschmecken.
1 – 2 Zwiebeln	schälen und in Ringe oder Würfel schneiden. In
1 Esslöffel Butterschmalz	bei mittlerer Temperatur leicht bräunen. Über den Kartoffelbrei geben. Dazu passen Rotkohl oder Sauerkraut.

Tipp
Die Hälfte der Kartoffeln kann durch Möhren ersetzt werden. Kartoffeln werden zusammen mit den Möhren zu einem Brei verarbeitet. Dazu dann aber nicht Rotkohl oder Sauerkraut servieren.

Bunter Kartoffelsalat

Zutaten & Zubereitung

750 g bunte Kartoffeln (z.B. blaue Elise, Rosemarie, Violetta, Shetland Black oder Linda)	waschen, in einen Topf geben und zu 2/3 mit
Wasser	bedecken.
1 Teelöffel Salz	dazugeben und bei mittlerer Temperatur 15 – 20 Min. garen. Nach dem Abkühlen schälen und in Scheiben schneiden. In eine Schüssel geben.
300 g tiefgefrorene Erbsen	in
Salzwasser	bei mittlerer Temperatur ca. 5 – 7 Minuten garen, abkühlen lassen und zu den Kartoffeln geben.

Für die Soße

250 ml Wasser
3 Esslöffel Sonnenblumenöl
1 Gemüsebrühwürfel   in einen kleinen Topf geben und zum Kochen bringen.

1 Zwiebel	schälen, sehr fein schneiden und ebenfalls zur Brühe geben. 3 – 4 Minuten bei mittlerer Temperatur köcheln lassen. Die abgekühlte Brühe über die Kartoffeln schütten und vorsichtig untermengen. Mit
1 Esslöffel Essig, Salz und Pfeffer	abschmecken und ca. 1/2 Stunde durchziehen lassen.

Zum Garnieren
rote und gelbe Cocktailtomaten
und gewaschene Petersilie.

Dazu schmecken gebratener Tofu und ein gemischter grüner Salat.

Gebratener Tofu

Zutaten & Zubereitung

800 g Tofu	in ca. 1 cm dicke Scheiben schneiden und mit
Salz und Paprikapulver	bestreuen.
	In reichlich heißem
Öl	in einer Pfanne von beiden Seiten bei mittlerer Temperatur knusprig braten.
	Mit
Sojasoße	ablöschen.
	Sofort servieren.

105

Kartoffelsuppe

Zutaten & Zubereitung

750 g Kartoffeln	
2 Möhren	
1/2 Sellerieknolle	waschen, schälen, klein schneiden und in einen großen Topf geben.
2 Zweige Liebstöckel	waschen, auf einem Küchenkrepp abtropfen lassen, Blätter vom Stiel befreien und klein schneiden.
1 Zwiebel	
1 Knoblauchzehe	schälen, klein schneiden und zu den anderen Zutaten geben.
1 l Wasser	dazugeben und bei mittlerer Temperatur ca. 30 Minuten köcheln. Das gegarte Gemüse durch eine Flotte Lotte drehen oder mit einem Pürierstab fein mixen. Mit
Salz, Pfeffer und Muskat	abschmecken.
150 ml Sahne	dazugeben.
1 Hand voll Petersilie	waschen, auf einem Küchenkrepp abtropfen lassen, fein schneiden und vor dem Servieren auf die Suppe streuen.

Zweifarbige Suppe

Zutaten & Zubereitung

Für die orangefarbene Suppe

400 g Karotten	waschen, schälen und klein schneiden. In einen Topf geben und
1 Brühwürfel	und
650 ml Wasser	hinzufügen.
1 Zwiebel	schälen, klein schneiden, zu den Möhren geben, bei mittlerer Temperatur 15 Minuten garen.
3 Esslöffel süße Sahne	dazutun und alles mit einem Pürierstab fein pürieren. Mit
Salz und Ingwerpulver	abschmecken.

Für die grüne Suppe

400 g Broccoli	waschen und klein schneiden. In einen Topf mit
1 Brühwürfel	und
600 ml Wasser	geben.
1 Zwiebel	schälen, klein schneiden und zum Broccoli in den Topf hinzufügen. Bei mittlerer Temperatur 15 Minuten garen.
3 Esslöffel süße Sahne	dazugeben und mit einem Pürierstab fein pürieren. Mit
Salz und Muskat	abschmecken.

Die beiden Suppen werden gleichzeitig mit zwei Suppenlöffeln in einen Teller gegossen. Mit dem Stiel eines Teelöffels kann jeweils die eine Farbe in die andere gezogen werden. Es können aber auch Gesichter oder Smilies gegossen werden.

Tipp
Sollten die Suppen zu dickflüssig werden, einfach noch etwas mehr Wasser dazugeben und wiederum abschmecken.

Gefüllte Kartoffeln

Zutaten & Zubereitung

6 festkochende, mittelgroße Kartoffeln	waschen, in einen Topf geben und zu 2/3 mit bedecken.
Wasser	
1 Teelöffel Salz	dazugeben und bei mittlerer Temperatur 15 – 20 Minuten garen, erkalten lassen und die Schale pellen. Die Kartoffeln der Länge nach durchschneiden und mit einem Teelöffel aushöhlen, sodass noch ein Rand stehen bleibt. Mit einer Gabel die ausgehöhlte Kartoffelmasse fein zerdrücken und in eine Schüssel geben.
75 g Butter	
2 Eigelb	
4 Esslöffel Crème fraîche	
100 g geriebener Emmentaler	
1 Esslöffel fein geschnittene Petersilie	zu der Kartoffelmasse geben und gut miteinander vermengen.
	Mit
Salz, Pfeffer, Muskat, Paprika	abschmecken. Die Kartoffelhälften mit der Masse füllen, in eine gefettete Auflaufform setzen und bei 200 °C ca. 20 Minuten überbacken. Dazu schmeckt Salat.

Rote-Bete-Salat

Zutaten & Zubereitung

600 g Rote Bete	waschen und in einem Topf mit
Wasser	bedeckt ca. 30 – 45 Minuten bei mittlerer Temperatur gar kochen. Abkühlen lassen, schälen und auf einer Reibe raspeln oder mit einem Messer in Scheiben schneiden.
1 Apfel	waschen, schälen, vierteln, entkernen und ebenso raspeln. Zur Roten Bete in eine Schüssel geben.
1 kleine Zwiebel	schälen, klein schneiden und zu den anderen Zutaten geben.
1 Teelöffel Zucker	
1 Teelöffel Salz	
2 Esslöffel Apfelessig	
1 Esslöffel Öl	
1 Lorbeerblatt	dazugeben und miteinander vermengen. Dieser Salat sollte mehrere Stunden vor dem Servieren durchziehen. Danach nochmals abschmecken.

Möhren-Kohlrabi-Salat

Zutaten & Zubereitung

500 g Möhren waschen und mit einem Spargelschäler schälen.
2 Kohlrabi (400 – 500 g) schälen.
Beides grob in eine Schüssel raspeln.

Für die Salatsoße
2 Teelöffel Zucker
1 gestrichener Teelöffel Salz
100 ml süße Sahne
Saft von 2 kleinen Zitronen in einen Schüttelbecher geben und gut durchschütteln. Vor dem Servieren über das geraspelte Gemüse geben und miteinander vermengen. Schmeckt gut zu Backofenpommes.

Backofenpommes

Zutaten & Zubereitung

1,5 – 2 kg festkochende Kartoffeln	waschen, schälen, in Stifte schneiden und in einem sauberen Geschirrtuch trocken reiben.
2 Esslöffel Palmfett (Kokosfett)	in einem kleinen Topf bei niedriger Temperatur zum Schmelzen bringen. Die Kartoffeln auf ein mit Backpapier ausgelegtes Backblech verteilen und mit dem flüssigen Palmfett übergießen, vorsichtig vermengen. Im vorgeheizten Backofen bei 200 °C ca. 20 Minuten backen. Zwischendrin einmal wenden. Vor dem Servieren mit
Salz und Paprika	bestreuen und vermischen. Dazu schmeckt Ketchup.

Tipp: Ein Teil der Kartoffeln kann durch Möhren, die ebenso geschnitten werden, ersetzt werden.

Ketchup

Zutaten & Zubereitung

1 kg Tomaten	waschen, vierteln, Stielansatz entfernen.
1 rote, große Zwiebel	
1 Knoblauchzehe	schälen, klein schneiden und mit den Tomaten in einen Topf geben.
1 Esslöffel Öl	
5 Esslöffel Apfelessig	
2 – 3 Esslöffel brauner Zucker	dazugeben und bei mittlerer Temperatur 60 Minuten ohne Deckel köcheln lassen. Ab und zu umrühren.
2 – 3 Esslöffel Tomatenmark	
1 Brühwürfel	dazugeben und mit
Salz, Pfeffer und Paprika	abschmecken. Mit einem Pürierstab fein mixen und heiß in saubere Schraubverschlussflaschen oder Weckgläser abfüllen. Verschlossen ist der Ketchup mehrere Monate haltbar.

Tipp

Wer keine Kerne und Schalenstückchen der Tomaten im Ketchup haben möchte, muss die heiße Masse durch ein Sieb rühren und vor dem Abfüllen nochmals kurz aufkochen.

Kartoffelpizza

Zutaten & Zubereitung

1 kg festkochende Kartoffeln	waschen und in einen Topf geben und zu 2/3 mit
Wasser	bedecken.
1 Teelöffel Salz	dazugeben und bei mittlerer Temperatur 15 – 20 Minuten garen. Nach dem Abkühlen schälen und in Scheiben schneiden.
2 Zucchini und	
500 g Tomaten	waschen und in Scheiben schneiden.
1 Zwiebel	schälen und klein schneiden. Ein Backblech mit
Öl	bestreichen. Die geschnittenen Kartoffeln, Tomaten und Zucchini gut gemischt schuppenartig darauf verteilen. Die klein geschnittene Zwiebel und
200 g fein geriebener mittelalter Gouda	darüberstreuen. Mit
Salz und Pfeffer	würzen.
3 Zweige Rosmarin	waschen, gut abtropfen lassen, Blätter vom Stiel abtrennen und über die Pizza geben. Im vorgeheizten Backofen bei 175 °C ca. 30 Minuten backen.

Schokoladenpudding

Zutaten & Zubereitung

500 ml Milch	in einem Topf bei mittlerer Temperatur zum Kochen bringen.
100 g Vollmilchschokolade	in die heiße Milch bröckeln und so lange rühren, bis sie geschmolzen ist.
3 Esslöffel Milch 2 Esslöffel Speisestärke 1 Esslöffel Kakao	in einer Tasse oder im Schüttelbecher miteinander vermischen. Langsam in die heiße Milch geben und unter ständigem Rühren aufkochen lassen. In eine Schüssel füllen und abkühlen lassen. Dazu schmeckt geschlagene Sahne.

Apfelschnee

Zutaten & Zubereitung

6 – 8 Äpfel	waschen, vierteln und das Kerngehäuse entfernen. In einem Topf in etwas Wasser bei mittlerer Temperatur garen. Immer wieder mal umrühren, da die Äpfel gerne anbrennen. Gegarte, abgekühlte Äpfel durch eine Flotte Lotte drehen und mit
Birnendicksaft	nach Belieben süßen.
200 ml süße Sahne	steif schlagen.
	Unter das völlig erkaltete Apfelmus die geschlagene Sahne heben und in Nachtischschälchen füllen. Mit
Zimt	bestreuen und Minzeblättern garnieren.

Apfelkuchen vom Blech

Zutaten & Zubereitung

250 g weiche Butter	
200 g brauner Zucker	
5 Eier	schaumig rühren.
1 Prise Salz	
1 Messerspitze Bourbon-Vanille	dazugeben.
350 g Weizenmehl (Typ 1050)	
2 Teelöffel Backpulver	fein sieben und unterrühren.
100 g Mandelscheiben	dazugeben.
1 kg Äpfel	waschen, schälen, vierteln, entkernen und in kleine Stücke schneiden. Die fein geschnittenen Äpfel unter den Rührteig mengen. Bei 175 °C ca. 30 – 35 Minuten backen. Vor dem Servieren mit Puderzucker bestreuen.

Die **Wanderung** zur Burg

Fürs Wochenende wurde schönes Herbstwetter vorhergesagt. Hoffentlich hatte der Mann mit der netten Stimme aus dem Radio Recht und irrte sich nicht, dachte das Mädchen mit den zwei blonden Zöpfen. Es sollte am Tag nochmals 20 °C warm werden, obwohl es in der Nacht schon ganz schön kalt war. Manchmal zeigten sich am Morgen erste Nebel, die über alles einen grauen Schleier legten und die Farben verblassen ließen.

«Das schöne Wetter sollten wir nutzen und eine Wanderung machen, vielleicht zur Burg», schlug der Großvater vor. «Alle zusammen?», wollte Christina wissen. «Ja, alle zusammen», antwortete Großvater. «Wie weit ist es bis zur Burg?», fragte Christina weiter. «So weit, dass wir an einem Tag hin und zurück wandern können», wusste der Großvater, der selbst schon als kleiner Junge auf dieser Burg umhergetobt war. Ritter Wagemut vom Drachenfels, bei der Erinnerung musste er lächeln.

Christina liebte die Wanderungen mit der ganzen Familie. Jeder hatte einen Rucksack mit Getränken und Essen, und meistens hatten Mama und Großmutter noch leckere Überraschungen eingepackt. Papa war zuständig für die Landkarte und das Pflanzenbestimmungsbuch. Er wollte immer wissen, wo man gerade ist und wie die eine oder andere Pflanze heißt, die man sieht. Großvater mochte das auch.

«Ich will aber nicht wandern», motzte Tobias. «Warum denn nicht?», fragte die Großmutter. «Weil das immer so anstrengend ist und mir dann die Beine wehtun.» – «Weißt du was, für unsere Wanderung werde ich Energiebällchen für starke Kerle machen. Wir wollen ja zu einer Burg wandern, und auf einer Burg lebten in der Regel sehr starke Kerle. Das waren Ritter und Edelleute, die ihren Herrn vor Räubern und Feinden beschützten. Die hatten Mut und fürchteten sich vor nichts und niemandem. Du wirst schon sehen, wenn du die magischen Kraftkugeln gegessen hast, wie leicht dir der Weg bis zur Burg fällt», erzählte ihm die Großmutter. Tobias stellte sich vor, wie Großmutters Energiebällchen ihm zu ungeahnten Kräften verhalfen, wie er in Siebenmeilenschritten an den anderen vorübereilen und mühelos den Berg zur Burg erklimmen würde. Diese Gedanken beflügelten ihn. Seine Befürchtungen verflogen und waren im Nu bis auf einen kleinen Rest geschrumpft.

Bei strahlendem Sonnenschein – der nette Mann aus dem Radio hatte sich also nicht geirrt – machten sich schließlich Mama, Papa, Großvater, Großmutter, das Mädchen mit den zwei blonden Zöpfen und sein kleiner Bruder auf den Weg zur Burg. Sie waren ausgerüstet mit Wanderschuhen, Sonnenmütze und Rucksack. Die Großeltern hatten ihre Wanderstöcke dabei, und so zogen sie gestiefelt und gespornt erst mal los Richtung Wald.

Der Herbst hatte die Blätter bereits gelb, orange und rot gefärbt. Einige lagen schon auf der Erde, und es raschelte herrlich, wenn man durch die Blätter schlurfte. Die wilden Rosen waren mit zahlreichen Hagebutten übersät, die in der Sonne orange und rot schimmerten.

«Wir könnten sie sammeln und daraus Marmelade kochen», sagte Großmutter, die irgendwie immer sofort eine leckere Idee im Kopf hatte, wenn sie etwas Essbares entdeckte. «Aber erst auf dem Rückweg, damit wir sie nicht so lange tragen müssen», erwiderte der Großvater. Er wusste auch, warum er das sagte, denn sie wären sicher in seinem Rucksack gelandet. «Ich werde daran denken und euch erinnern», versprach Christina. «Also, ich könnte mir vorstellen, dass zu der Zeit, als die Ritter noch lebten, auch Hagebuttenmarmelade oder -mus gekocht wurde», sagte die Großmutter und schaute wehmütig im Vorbeigehen auf die vollen Büsche. «Wieso?», wollte Tobias wissen. «Na, die aßen damals viel Getreidebrei und Grütze, und da …» – «Iiii, wie eklig», entfuhr es dem Jungen, aber keiner reagierte auf ihn und seinen angewiderten Gesichtsausdruck. «Wildgemüse, Kräuter und Früchte, die im Wald wuchsen, standen sicher auf dem Speisezettel der Rittersleut. Eier, Fleisch und Fisch gehörten wohl auch dazu, jedoch bestimmt nicht an allen Tagen», fuhr die Großmutter fort.

Sie kamen an einem frisch gepflügten Feld vorbei. Die großen Erdschollen lagen glänzend in der Herbstsonne. Es bereitete den beiden Kindern große Freude, darauf zu balancieren und von einer Erhebung zur nächsten zu springen. Vergnüglich eiferten sie hintereinander her. «Kommt jetzt, ihr zwei Akrobaten, wir müssen vorn an der Kreuzung abbiegen», drängelte der Vater und schaute sicherheitshalber doch noch mal auf die Karte.

Nun war es bis zur Burg nicht mehr weit. Oben wollten sie sich eine schöne Bank aussuchen und Großmutters Leckereien essen. Christina war schon ganz neugierig auf das, was Großmutter eingepackt hatte. Die Burg leuchtete oben in der Herbstsonne und war von buntem Herbstlaub umgeben – ein wirklich goldener Oktobertag!

«Ich hab Hunger», jammerte Tobias lauthals und riss die anderen aus dem Staunen. «Gleich sind wir oben», sagte Mama, die ihn an die Hand nahm. «Weißt du, früher gab es hier noch Bären und andere wilde Tiere. Da musste man zusehen, dass man rechtzeitig auf der Burg ankam, um in Sicherheit zu sein.» – «Und wenn man es nicht schaffte?» – «Na, dann musste man im Wald übernachten und auf der Hut sein. Sicher gab es gute Verstecke. Vielleicht ja auch eine alte Kräuterhexe, die im Wald zum Kräuter- und Wurzelsammeln unterwegs war und bestimmt zu helfen wusste.»

Auf der Burg fand die Familie einen schönen Platz, um die Pause ausgiebig und mit einem tollen Ausblick ins Land zu genießen. Räuberbrote und selbst gemachte Gummibärchen hatte Großmutter zur Freude aller eingepackt. In der freien Natur schmeckte es gleich noch mal so gut. Nach der Stärkung erfuhren sie noch Interessantes zu den Burgherren, die früher dort gelebt hatten, bestaunten alte Rüstungen und betrachteten die Ahnengalerie. Tobias war fasziniert von den Ritterrüstungen, und Christina wollte wissen, womit die Kinder damals gespielt hatten. «Damals gab es Murmeln, die sich die Kinder aus Lehm selbst rollten, aber auch handgedrechselte Kreisel oder aus alten Stoffresten zusammengenähte Puppen», erzählte ihr der Großvater. «Mehr nicht?» – «Nein, viel mehr nicht. Die Kinder mussten auch recht früh mithelfen, die Mädchen in der Küche und die Buben im Stall. Zeit zum Spielen hatten sie nicht so viel.»

Tobias liebte es, zu Hause mit seiner Ritterburg zu spielen. Nach allem aber, was er heute erfahren hatte, war er sehr froh, kein echter Ritter zu sein. Auch Christina konnte es sich kaum vorstellen, auf einer Burg zu leben, in der im Winter nur ein einziger Raum geheizt war. Es muss kalt, bitterkalt gewesen sein in den Wintern – damals, als noch Bären und Wölfe, Ritter und Räuber durch die Wälder **zogen.**

Räuberbrot

Zutaten & Zubereitung

250 g Weizenmehl (Typ 1050)
50 g Roggenmehl
10 g frische Hefe
1/2 Teelöffel Salz
180 – 200 ml Wasser
1 Esslöffel Sesam
1 Esslöffel Leinsamen
1 Esslöffel Sonnenblumenkerne

1 Esslöffel gesiebtem Weizenmehl

Alle Zutaten miteinander vermengen, gut durchkneten und zugedeckt ca. 30 Minuten gehen lassen. Nochmals durchkneten und einen runden Brotlaib formen.
Mit bestäuben. Auf ein mit Backpapier ausgelegtes Backblech legen und weitere 20 Minuten gehen lassen. Im vorgeheizten Backofen bei 200 °C ca. 30 Minuten backen.

Hagebuttenmarmelade

Zutaten & Zubereitung

1 kg frische Hagebutten	waschen, Blüte und Stiel entfernen. In einem Topf so viel
Wasser	dazugeben, dass alle Früchte bedeckt sind. Über Nacht einweichen lassen. Am nächsten Tag ca. 1 Stunde lang weichkochen. Die weichen Hagebutten durch eine Flotte Lotte drehen. Man erhält ca. 500 g Hagebuttenmus. Zu diesem Mus
500 g braunen Zucker und 250 ml Apfelsaft	geben und 2 – 3 Minuten aufkochen. Dann den
Saft einer 1/2 Zitrone	dazugeben und heiß in Schraubgläser oder Weckgläser füllen und sauber verschließen. Nach dem Öffnen im Kühlschrank aufbewahren.

Hexeneintopf

Zutaten & Zubereitung

250 g bunte Hülsenfrüchte (verschiedene Bohnen, Linsen, Kichererbsen usw.) reichlich Wasser	über Nacht in einem Topf in (zwei Finger über den Hülsenfrüchten) einweichen. Am nächsten Tag Einweichwasser abschütten und die Hülsenfrüchte in
1 l Wasser	ca. 30 Minuten köcheln lassen.
2 Möhren	waschen, schälen, klein schneiden,
1 große Stange Lauch	putzen und in Ringe schneiden,
1 kleine Zwiebel	schälen und klein schneiden,
2 Kartoffeln	waschen, schälen, klein schneiden,
1 Stück Sellerie	schälen und klein schneiden,
1 Peperoni (Vorsicht, sie sollte nicht zu scharf sein)	waschen und klein schneiden.
1 Esslöffel Olivenöl	Alle Zutaten zu den Hülsenfrüchten in den Topf geben und nochmals 30 Minuten köcheln lassen. Mit
Salz, Pfeffer und Balsamicoessig	abschmecken.

Rostige Ritter

Zutaten & Zubereitung

6 – 8 kleine Brötchen vom Vortag auf einer Reibe weitgehend die äußere, dunkle Schicht abreiben. (Kann getrocknet als Semmelbrösel verwendet werden.)
Die Brötchen einmal in der Mitte mit einem Messer durchschneiden.

750 ml Milch
50 g Zucker
1 Prise Salz miteinander vermischen und die Brötchen damit in einer Schüssel übergießen. Ungefähr eine halbe Stunde durchziehen lassen. Dann vorsichtig herausnehmen.

3 – 4 verquirlten Eiern	In von beiden Seiten wenden. Anschließend in
Semmelbrösel	beidseitig wenden.
Butterschmalz	in einer Pfanne bei mittlerer Temperatur erhitzen und die Rostigen Ritter von beiden Seiten goldgelb backen.

Möglichst heiß servieren.
Dazu schmecken Vanillesoße oder Zwetschgenkompott.

Kräutersuppe mit Wachteleiern

Zutaten & Zubereitung

2 Esslöffel Butter	in einem Topf zum Schmelzen bringen.
1 Zwiebel	schälen und in kleine Würfel schneiden. Leicht glasig in der Butter schwitzen lassen.
3 Esslöffel Haferflocken	dazugeben und verrühren.
1 Brühwürfel	in
1/2 l warmem Wasser	auflösen und in den Topf gießen, gut verrühren.
100 g verschiedene Kräuter, wie Petersilie, Schnittlauch, Dill, Estragon oder Wildkräuter wie Bärlauch, Pimpernell, Giersch, Löwenzahn	waschen, auf einem Küchenkrepp abtropfen lassen und fein hacken.

200 ml süße Sahne	Die Kräuter mit in den Topf geben und bei niedriger Temperatur 5 Minuten köcheln lassen. Mit
1 Esslöffel Zitronensaft Salz Pfeffer 1 Prise Zucker	
	würzen und pürieren (Pürierstab).
4 Wachteleier	bedeckt mit Wasser 4 Minuten kochen, kalt abschrecken, pellen, in der Mitte durchschneiden und auf den gefüllten Tellern verteilen.
Kräuter	zum Garnieren.

Kraftkugeln für starke Kerle

Zutaten & Zubereitung

200 g Mandeln	fein mahlen.
100 g Sonnenblumenkerne	grob hacken.
100 g feine Haferflocken	in einer Pfanne bei mittlerer Temperatur rösten. Dabei immer wieder umrühren.
4 Esslöffel Orangensaft	
125 g Akazienhonig	Alle Zutaten miteinander vermengen, durchkneten, bis ein fester Teigkloß entsteht. Aus dem Teig ca. 55 kleine Kugeln formen. Diese in
2 Esslöffel Kokosflocken oder	
2 Esslöffel gerösteten Sesam	wälzen und in einer Dose bis zum Verzehr kalt stellen.

Bärentatzen

Zutaten & Zubereitung

3 Eiweiß	mit einem Handrührgerät sehr steif schlagen. In einer großen Schüssel
100 g Zartbitterschokolade	fein reiben.
200 g Mandeln	
100 g Haselnüsse	fein mahlen.
200 g brauner Zucker	
1/2 Teelöffel Lebkuchengewürz	
2 Esslöffel Kakao	mit den Nüssen und der Schokolade vermischen. Das steif geschlagene Eiweiß darunterheben. Es entsteht ein klebriger Teig. Daraus kleine Kugeln (ca. 2 cm Durchmesser) formen und auf ein mit Backpapier ausgelegtes Backblech setzen. Jede Kugel mit einer Gabel zu 2/3 flachdrücken. Die Gabel zwischendurch in Mehl tauchen. Über Nacht die Bärentatzen an einem nicht zu warmen Ort trocknen lassen. Am nächsten Tag im vorgeheizten Backofen bei 150 °C 12 – 15 Minuten backen. Auf einem Kuchengitter auskühlen lassen.
1 Esslöffel Palmfett (Kokosfett)	bei sehr niedriger Temperatur in einem Topf zum Schmelzen bringen, dann
100 g Zartbitterschokolade	dazugeben. Ständig umrühren. Die Tatzen im hinteren Drittel in die Schokolade eintauchen und auf einem Kuchengitter trocknen lassen.

Tipp

Unter das Kuchengitter Backpapier legen, dann kann die abgetropfte Schokolade genascht oder zum Dekorieren von Nachtisch verwendet werden.

Vanillesoße

Zutaten & Zubereitung

1 l Milch

3 Esslöffel Maisstärke
1 Teelöffel Bourbonvanillepulver
2 – 3 Esslöffel braunem Zucker

in einem Topf bei mittlerer Temperatur zum Kochen bringen. Vor dem Kochen 5 Esslöffel von der Milch wegnehmen und mit

vermischen und in die kochende Milch rühren. Einmal aufkochen lassen und von der Platte nehmen. In einem Krug abkühlen lassen und währenddessen mehrmals umrühren, damit sich keine Haut bildet. Kalt servieren.

Herbstlicher Obstsalat

Zutaten & Zubereitung

1 kg verschiedene Obstsorten, die im Herbst reifen, z.B. Äpfel, Birnen, Zwetschgen, Brombeeren, Weintrauben, Feigen — waschen, entkernen bzw. entsteinen und klein geschnitten in eine Schüssel geben.

Saft einer 1/2 Zitrone — darüberträufeln.

50 g gehackte Walnüsse — dazugeben.

Apfeldicksaft — Mit süßen. Einmal durchmengen.

Tipp
Dazu schmeckt geschlagene Sahne.

Zwetschgenkompott

Zutaten & Zubereitung

1 kg Zwetschgen — waschen, halbieren oder vierteln und entsteinen. In einen Topf mit

200 ml heißem Wasser
75 g Zucker (Zuckermenge richtet sich nach der Süße der Früchte)
1 Zimtstange
1 Sternanis
1 Messerspitze Bourbon-Vanille

geben, einmal kurz aufkochen lassen und dann zugedeckt auf der abgedrehten, heißen Herdplatte (E-Herd) ziehen lassen.
Kalt servieren.

Gummibärchen

Zutaten & Zubereitung

1 kg Quitten — waschen und mit einem Tuch die feinen Härchen abreiben, dann vierteln, entkernen, klein schneiden und in einen Topf geben.
Mit

250 ml Wasser — übergießen und bei mittlerer Temperatur ca. 30 – 45 Minuten weich kochen. Das weiche Obst durch eine Flotte Lotte (feinstes Sieb) drehen.

250 g brauner Zucker — unter das Fruchtmus mischen und so lange rühren, bis sich der Zucker aufgelöst hat. Nun das Mus auf ein mit Backpapier ausgelegtes Backblech geben und glattstreichen. Das Quittenmus auf einem Kachelofen (gelingt am besten), auf einer Heizung oder bei 50 °C im Backofen mehrere Stunden/Tage trocknen lassen.
Fühlt sich die Oberfläche trocken an, wird das Quittenmus auf ein mit Backpapier ausgelegtes Kuchengitter gestürzt und von der anderen Seite getrocknet. Dann mit einer Form kleine Bärchen ausstechen. Wenn nötig, nochmals auf einem Kuchengitter oder Dörrrost trocknen.
In einer Blechdose sind diese Gummibärchen mehrere Monate haltbar.

Tipp
Anstatt Quitten können auch Äpfel oder Birnen verwendet werden.
Sollten sie äußerlich klebrig bleiben, einfach in braunem Zucker wälzen.

Mitten im kalten

Winter

Es war Sonntag. Sonntage sind meistens die langweiligsten Tage, die man sich vorstellen kann. Mama lag auf dem Sofa mit einem Buch in der Hand. Sie hatte es von einer Freundin geschenkt bekommen und freute sich schon die ganze Woche darauf, endlich darin lesen zu können.

Großvater saß in seinem Schaukelstuhl hinter der Zeitung versteckt. Man sah eigentlich nur seinen grauen Haarschopf, zwei Hände und zwei Beine. Es war unglaublich, wie viel in so einer Zeitung stand – und vor allem, wie lange man darin lesen konnte.

Papa hatte sich in seinem Arbeitszimmer verschanzt. Die Tür war geschlossen, was soviel bedeutete wie: Ich möchte nicht gestört werden. Das kannten alle schon. Er hatte häufig Terminarbeiten und musste deshalb manchmal auch am Abend oder am Wochenende zu Hause arbeiten.

Großmutter hatte, wie so oft, in der Küche zu tun. Die Küche war ihr Lieblingszimmer. Dort war sie in ihrem Element.

«Mir ist langweilig», maulte Christina. «Mir auch», brummelte es aus einer anderen Ecke. «Na, dann spielt doch was zusammen», sagte Mama, ohne den Blick von ihrem Buch abzuwenden. «Keine Lust», maulte Christina weiter. «Keine Lust», sprach das Echo aus der anderen Ecke. «Malt mir doch ein schönes Bild», schlug Mama vor. Dabei drehte sie sich mit einem Stöhnen auf die Seite, ohne ihr Buch aus den Augen zu verlieren.

«Langweilig.» – «Langweilig», echote es erneut. «Och, Schnuckelchen, jetzt lasst mich doch mal in Ruhe ein paar Seiten lesen. Heute Abend koche ich dann auch euer leckeres Kinderlieblingsessen. Versprochen!»

Erwachsene sind manchmal ganz schön komisch. Als ob es nach ein paar Seiten schon Abend wäre. Christina schüttelte den Kopf. Noch bevor die Kinder dem Großvater ihr Leid über den faden Sonntag klagen konnten, sagte dieser: «Habt ihr schon mal zum Fenster rausgeschaut?» Jetzt erst bemerkten die Kinder, dass es wohl schon seit einer ganzen Weile schneite. Sehr dicht fielen Schneeflöckchen ganz lautlos vom Himmel. Das Schneegestöber war sogar so dicht, dass draußen alles schon weiß und bedeckt war: die Dächer auf der gegenüberliegenden Straßenseite, die Bäume im Garten, die Bank auf der Terrasse, das Auto vor der Tür. Es lagen bestimmt schon drei bis fünf Zentimeter Schnee.

«Wisst ihr was? Wir drei machen jetzt ein Winterpicknick!» Noch bevor Tobias nervige Fragen stellen konnte, war der Großvater bereits in der Küche verschwunden. Er bereitete einen heißen Punsch vor, den er in eine Thermoskanne füllte, bestrich Abenteurerbrote mit Zwiebelschmalz und packte getrocknete Apfelringe und Kekse ein. «Los, ihr beiden, holt eure Schneeanzüge und die Handschuhe und den Schlitten, und ab geht's in die weiße Pracht. Los, Beeilung, die Schneeflocken werden schon ungeduldig!» Ohne Widerrede, ohne Zögern rannten die Enkel los, um ihren Auftrag zu erfüllen. Schnell sagten sie noch den Eltern Bescheid, und schon hörte man die Haustüre zufallen.

«Eigentlich müssten wir ja zunächst noch Schnee fegen», sagte der Großvater. «Aber bei diesem Gestöber wäre das umsonst. Wir wollen erst mal los und kümmern uns später um den Weg.» Der Großvater trug einen Rucksack auf dem Rücken, und die Kinder zogen ihren Schlitten hinter sich her. «Wo wollen wir denn eigentlich hin?», wollte Christina wissen. «Na, ich dachte, wir könnten erst mal bis zur Pferdekoppel und dann zum Hochsitz am Waldrand.» – «Dürfen wir dann auch hochsteigen?», fragte Tobias. Er wusste genau, dass Großvater und der Förster gute Freunde waren und er mit seiner Erlaubnis auf den Hochsitz steigen durfte. Inzwischen lag der Schnee so hoch, dass man beim Laufen tiefe Fußspuren hinterließ und nur langsam vorwärtskam. Auf der Pferdekoppel waren um diese Jahreszeit natürlich keine Pferde, nur ein paar Spuren, vielleicht von Hasen, die sich jetzt im Dickicht versteckten. Außer dem Knirschen des Schnees unter den Füßen und dem Rascheln der Kleider war kaum ein anderes Geräusch zu hören. Nur, wenn man einen Moment anhielt, konnte man sehr dumpf das Motorengeräusch der Autos von der Hauptstraße im Tal wahrnehmen. An der dicken Eiche am Waldrand machten die drei eine kleine Rast. Sie wärmten sich am heißen Punsch und verzehrten ihr Winterpicknick.

«Kommt, wir gehen noch zur Wildfutterstelle. Ich will nachsehen, ob die Förster schon Futter für die Tiere gebracht haben», sagte der Großvater. «Bei diesem Wetter finden sie selbst im Wald nichts mehr, und laut Wetterbericht soll der Winter uns in den nächsten Tagen fest im Griff haben.» – «Wie macht das der Winter?», wollte Tobi wissen. «Na ja, das heißt, dass es in den nächsten Tagen weiterhin kalt sein wird und es auch noch mehr Schnee gibt.» –

«Noch mehr Schnee? Das ist dann ja echt ‹megacool› – oder?», witzelte Christina, die genau wusste, dass ihr Großvater nicht alle ihre Begriffe megacool fand. «Können wir dann auch einen Schneemann oder ein Iglu bauen?» – «Das sollten wir unbedingt machen, aber jetzt gehen wir erst mal wieder nach Hause. So langsam bekomme ich doch kalte Füße.»

Nach über zwei Stunden kamen die drei rotbackigen Winterpicknicker wieder im warmen Wohnzimmer an. Es duftete herrlich nach gebrannten Mandeln und Zimtwaffeln. Großmutter war gerade dabei, eine heiße Schokolade zu kochen. Papa hatte schon den Schnee weggeschaufelt, und Mama hielt natürlich ihr Versprechen und bereitete das Kinderlieblingsessen vor. Es brannten Kerzen am Adventskranz, und im Ofen knisterte das Holz. Ein Sonntag im Winter kann so schön **sein!**

Zwiebel-Apfel-Schmalz

Zutaten & Zubereitung

1 große Zwiebel	schälen und in kleine Würfel schneiden. In
1 Esslöffel Margarine	goldbraun braten.
1/2 Apfel	schälen, entkernen und in kleine Würfel schneiden. Zu den Zwiebeln dazugeben und kurz dünsten.
125 g Palmfett (Kokosfett)	dazugeben und mit reichlich
Salz und frisch gemahlenem bunten Pfeffer	würzen.

Das heiße Schmalz in gut gereinigte Gläser oder in ein Steinguttöpfchen füllen.
Schmeckt besonders gut auf getoastetem Vollkornbrot oder Räuberbrot.

Pfannkuchen mit Lauch-Ananas

Zutaten & Zubereitung

Für 8 Pfannkuchen
4 Eier
500 ml Milch
(davon darf die Hälfte Mineralwasser sein)
1/2 Teelöffel Salz — in eine Schüssel geben und mit einem Handrührgerät verquirlen.

250 g Weizenmehl (Typ 1050) — fein sieben und löffelweise unter die Eiermilch rühren. Es entsteht ein dickflüssiger Teig, der eine halbe Stunde ruhen sollte.

In einer Pfanne

Butterschmalz — bei mittlerer Temperatur erhitzen. Mit einer Kelle eine dünne Teigschicht in der Pfanne verteilen. Wird der Teig auf der Oberfläche fest – die Farbe verändert sich –, muss er gewendet werden. Die fertig gebackenen Pfannkuchen im Backofen bei 80 °C warm halten.

Für die Füllung

600 g Lauch	putzen, in Ringe schneiden und waschen, abtropfen lassen.
1 kleines Glas Ananas	in einem Sieb abtropfen lassen. In der aufgefangenen Flüssigkeit den Lauch 10 – 15 Minuten bei schwacher Temperatur dünsten. Ananasstücke und
125 ml süße Sahne	dazugeben. Mit
Salz, Ingwer und Curry	abschmecken.

Auf eine Hälfte des Pfannkuchens die Füllung geben und mit der anderen Hälfte zudecken. Schnittlauch eignet sich zum Garnieren.

Hirtenpfanne

Zutaten & Zubereitung

2 Knoblauchzehen	
1 große Zwiebel	schälen und in kleine Würfel bzw. Streifen schneiden. Mit
Öl	in einer Pfanne bei mittlerer Temperatur kurz andünsten.
1 kg rote, gelbe und grüne Paprika	waschen, vierteln, von Stiel und weißen Innenhäuten befreien und in kleine Streifen schneiden. In die Pfanne geben. Unter häufigem Wenden bei mittlerer Temperatur bissfest ca. 10 Minuten garen.
500 g Feta (Schafskäse)	in Stücke schneiden und zu den übrigen Zutaten geben. Vorsichtig unterheben und ca. 5 Minuten mitgaren. Mit
Salz und buntem Pfeffer	abschmecken. Dazu passen Brot oder Reis.

Paprika-Rahm-Gemüse

Zutaten & Zubereitung

800 – 1000 g rote, gelbe und grüne Paprika	waschen, vierteln, von Stiel und weißen Innenhäuten befreien und in kleine Streifen schneiden.
2 Knoblauchzehen 1 große Zwiebel	schälen und in kleine Würfel schneiden. In
2 Esslöffel Öl	bei mittlerer Temperatur dünsten. Paprikastreifen dazugeben, unter Rühren 5 Minuten brutzeln lassen.
1/4 l Wasser	hinzuschütten und 5 – 10 Minuten bei niedriger Temperatur köcheln lassen. Mit
Salz, Pfeffer, Paprikapulver	abschmecken. Am Schluss
150 ml Sahne	dazugeben und nochmals abschmecken. Dazu passen Reis oder Nudeln.

Feldsalat mit Orangen & Walnüssen

Zutaten & Zubereitung

150 – 200 g Feldsalat	gründlich putzen und waschen, gut abtropfen lassen.
80 – 100 g geknackte Walnüsse	mit einem Wiegemesser grob hacken, über den Salat verteilen.
2 Orangen	schälen, zerlegen und die Schnitze mit einem scharfen Messer einmal längs durchschneiden; auf den Rand des Salattellers dekorieren.

Für die Salatsoße

1/2 Teelöffel Salz	
1 Teelöffel Zucker	
2 Esslöffel Apfelessig	
2 Esslöffel Wasser	
2 Esslöffel Walnussöl	in einen Schüttelbecher geben und gut durchschütteln.
1 kleine Knoblauchzehe	schälen und sehr klein schneiden, zu den übrigen Zutaten in die Salatsoße geben, durchschütteln und vor dem Servieren auf dem Salat verteilen.

Apfelpfannkuchen

Zutaten & Zubereitung

4 Eier	trennen und das Eiweiß mit einem Handrührgerät zu Schnee schlagen. Zu den Eigelb
450 ml Milch	geben und knapp
1/2 Teelöffel Salz	hinzufügen und gut verquirlen.
250 g Weizenmehl (Typ 1050)	fein sieben und löffelweise unter die Eiermilch rühren. Zum Schluss das steif geschlagene Eiweiß mit einem Schneebesen unterheben.
750 g Äpfel	waschen, schälen, vierteln, das Kerngehäuse entfernen, klein schneiden und zum Teig geben.

| Butterschmalz | In einer Pfanne bei mittlerer Temperatur erhitzen. Mit einer Schöpfkelle eine Teigschicht in der Pfanne verteilen. Wird der Teig auf der Oberfläche fest – Teigfarbe verändert sich –, den Pfannkuchen wenden und von der anderen Seite goldbraun backen. |

Vor dem Servieren mit Zimt und Zucker bestreuen. Zum Schluss mit Puderzucker garnieren. Dazu schmeckt eine Kugel Vanilleeis oder Vanillesoße.

Erbsensuppe mit Grießklößchen

Zutaten & Zubereitung

Für die Suppe

2 Möhren	waschen, schälen und klein schneiden und zusammen mit
500 g tiefgefrorenen Erbsen und	
2 Brühwürfel und	
1 l Wasser	in einen Topf geben und 6 Minuten bei mittlerer Hitze köcheln lassen.
1 Stange Lauch	putzen, waschen und in Ringe schneiden und in den Topf geben. Weitere 3 Minuten köcheln lassen. Dann von der Platte nehmen und mit
Salz, Muskat und Pfeffer	abschmecken.

Für die Grießklößchen

250 ml Milch	
1 Esslöffel Butter	
1 Messerspitze Muskat	
1 Teelöffel Salz	in einen Topf geben und zum Kochen bringen.
200 g Dinkelgrieß	in die kochende Milch streuen und so lange mit einem Kochlöffel rühren, bis aus dem steifen Brei ein Kloß geworden ist. Topf von der Platte nehmen und 5 Minuten mit Deckel quellen lassen.
2 Eier	unterrühren. Mit
Salz und Muskat	abschmecken.
1 l Wasser mit	
1 Teelöffel Salz	zum Kochen bringen. Mit einem Teelöffel Teig abstechen und im Salzwasser 5 – 10 Minuten ziehen lassen. Die Grießklößchen abschöpfen und in die heiße Erbsensuppe geben.

Gemüse-Nudel-Auflauf

Zutaten & Zubereitung

400 g Spirelli	in reichlich Salzwasser bissfest garen. In einem Sieb gut abtropfen lassen.
500 g Möhren	waschen, schälen und in Stifte schneiden. In einen Topf geben, mit
Wasser	bedecken,
1 Teelöffel Salz	hinzufügen und 5 Minuten dünsten.
500 g Broccoli (davon kann die Hälfte Blumenkohl sein)	in Röschen schneiden, waschen, zu den Möhren in den Topf geben und weitere 5 Minuten dünsten. Eine flache Auflaufform gut einfetten. Die Nudeln darin verteilen. Das Gemüse darübergeben.
4 Eier	verquirlen,
300 ml Sahne	dazugeben und
200 g geriebener Emmentaler	unterrühren. Mit
Salz, Pfeffer, Muskat und Paprikapulver	abschmecken und gleichmäßig über das Gemüse schütten. Im vorgeheizten Backofen bei 175 – 200 °C 25 – 30 Minuten backen.

Tipp
Es sind auch andere Gemüsevarianten denkbar, z. B. Blumenkohl, Erbsen und Möhren oder Tomaten und Lauch oder Fenchel und Möhren.

Kartoffel-Zucchini-Gratin

Zutaten & Zubereitung

600 g festkochende, mittelgroße Kartoffeln	waschen, schälen und in dünne Scheiben schneiden.
600 g mittelgroße Zucchini	waschen, Enden abschneiden und in Scheiben schneiden.
	Tarteform einfetten und im Wechsel Kartoffelscheiben und Zucchinischeiben kreisförmig leicht schräg hintereinanderlegen.
1 Knoblauchzehe	schälen, klein schneiden und in eine hohe Rührschüssel geben.

100 g feingeriebenen Parmesan
150 g Crème fraîche
200 g Schlagsahne   dazu geben.
                               Mit
Salz, Pfeffer, Muskat, Majoran würzen und gut miteinander vermengen. Die Käse-
                               Sahne-Masse gleichmäßig über Kartoffeln und
                               Zucchini gießen.
30 g Butter   in Flöckchen über dem Auflauf verteilen. Im vor-
                               geheizten Backofen bei 180 – 200 °C ca. 50 Minuten
                               auf der unteren Schiene backen.
                               Die letzten 20 Minuten mit Alufolie abdecken.

Dampfnudeln

Zutaten & Zubereitung

Für ca. 12 Stück

300 ml Milch	in einem Topf handwarm erwärmen.
60 g Butter	dazugeben und zergehen lassen.
1 gestrichenen Teelöffel Salz	
1 Esslöffel Zucker	
1 Würfel Hefe oder	
1 Päckchen Trockenhefe	in der Milch auflösen.
300 g Mehl (Typ 405)	in eine Schüssel geben, mit einem Schneebesen die Hefemilch unterrühren, bis der Teig Blasen wirft. Schüssel mit einem sauberen Geschirrtuch abdecken und an einem warmen Ort 30 Minuten gehen lassen. Den noch klebrigen Teig einmal umrühren.
150 – 200 g Weizenmehl (Typ 405)	dazugeben und mit der Hand gut unterarbeiten. Der Teig darf jetzt nicht mehr kleben. Auf einer bemehlten Unterlage 2 – 3 cm dick ausrollen.

125 – 150 ml Wasser
1/2 Teelöffel Salz
50 g Palmfett (Kokosfett)

Mit einem in Mehl getauchten Trinkglas Dampfnudeln ausstechen und auf ein mit Backpapier ausgelegtes Backblech setzen. An einem warmen Ort nochmals 10 – 15 Minuten gehen lassen.
In einer beschichteten Pfanne

zum Kochen bringen.
Ausgestochene Dampfnudeln hineinlegen und mit Deckel bei niedriger Temperatur 15 – 20 Minuten garen. Dabei sollte das Wasser leicht köcheln, sodass Wasserdampf aus der Pfanne entweicht. Das Wasser muss ganz verdampfen, damit auf der Unterseite der Dampfnudeln eine knusprige Kruste entsteht. Das kann man am Geruch oder am Geräusch erkennen. Durch einen Glasdeckel kann man am Pfannenboden ein goldbraunes Geflecht sehen, wenn die Dampfnudeln eine Kruste bekommen haben.
Die Dampfnudeln auf ein Kuchengitter setzen und warm servieren.
Dazu schmeckt Vanillesoße (Rezept, siehe S. 142) oder Kartoffelsuppe (Rezept, siehe S. 106)

Aprikosencreme

Zutaten & Zubereitung

400 – 500 g (Abtropfgewicht) gekochte Aprikosen oder Mango oder Pfirsiche	mit einem Pürierstab fein mixen.
100 ml süße Sahne	mit einem Handrührgerät steif schlagen und unter das Fruchtmus heben.
Apfeldicksaft oder braunem Zucker	Nur wenn nötig mit nachsüßen. In Portionsschälchen füllen und mit einem zerbröselten
dunklen Keks	dekorieren.

Wintertraum

Zutaten & Zubereitung

200 g Honigkuchen	in einen Teller bröseln. 2 – 3 Scheiben für die Deko zurücklegen
2 Orangen	schälen, zerteilen und in kleine Stücke schneiden.
80 g brauner Zucker	
50 ml Orangensaft	
250 g Mascarpone	
125 g Quark	in einer Schüssel mit einem Handrührgerät zu einer fließenden Creme verrühren. Abwechselnd Honigkuchenbrösel, Orangenstücke und Mascarponecreme in bauchige Marmeladengläser füllen. Mit einem Plätzchenausstecher aus dem Honigkuchen Formen zum Dekorieren ausstechen.

Schneeflöckchen

Zutaten & Zubereitung

250 g Speisestärke
100 g Weizenmehl (Typ 1050)
1 Messerspitze Bourbon-Vanillepulver
100 g Puderzucker
250 g weiche Butter
1 Eigelb

Puderzucker

Alle Zutaten in eine Schüssel geben und mit den Händen zu einem Teig verkneten. Den Teig in 8 gleiche Stücke teilen und ca. 2 cm dicke Rollen daraus formen. Jede Rolle einzeln in Folie wickeln und 1 Stunde im Kühlschrank ruhen lassen.
Aus den Rollen ca. 1 cm dicke Scheiben schneiden und auf ein mit Backpapier ausgelegtes Backblech legen. Auf jede Scheibe einmal mit einer Gabel drücken. Zwischendurch die Gabel immer wieder in Mehl tauchen.
Im vorgeheizten Backofen bei 175 °C 12 – 15 Minuten backen. Auf einem Kuchengitter abkühlen lassen und mit bestäuben.

Zimtwaffeln

Zutaten & Zubereitung

250 g Mehl (Typ 1050)
125 g geriebene Mandeln
125 g brauner Zucker
125 g weiche Butter
2 Eier
2 Teelöffel Zimt

Alle Zutaten in eine Schüssel geben und zu einem Teig verkneten. Ihn zu einer Kugel formen, in Alufolie einwickeln und im Kühlschrank 1 Stunde kalt stellen. Dann den Teig in 4 gleiche Stücke teilen und ca. 3 cm dicke Rollen daraus formen. Mit einem Messer schneidet man etwa 1 cm dicke Scheiben ab. Diese werden zu kleinen Kugeln geformt und im Waffeleisen gebacken.

Süße Mandeln

Zutaten & Zubereitung

125 ml Wasser

in eine Pfanne geben und auf hoher Temperatur zum Kochen bringen.

100 g Zucker
1 Päckchen Vanillezucker
200 g ganze Mandeln

dazugeben. Unter ständigem Rühren weiter kochen, bis die Flüssigkeit ganz verdampft ist. Es entsteht der typische Geruch gebrannter Mandeln. Sobald am Boden der Pfanne der Zucker zu karamellisieren beginnt, die Pfanne von der Platte nehmen und die Mandeln in einer flachen Schüssel abkühlen lassen. Die ausgekühlten Mandeln in einem Glas oder einer Dose aufbewahren.

Heiße Schokolade

Zutaten & Zubereitung

250 ml Milch
40 g einer guten Schokolade (Vollmilch oder Edelbitter)

in einem Topf bei mittlerer Temperatur erhitzen.

unter ständigem Rühren darin schmelzen.
Nach Belieben eine Prise Zimt, Lebkuchengewürz oder Kardamon dazugeben und heiß servieren.
Mit einer Haube geschäumter Milch verfeinern.

Bratäpfel

Zutaten & Zubereitung

6 mittlere süßsaure Äpfel
(z.B. Boskop)

waschen, Kerngehäuse ausstechen und in eine gebutterte Auflaufform oder Tarteform setzen.

60 g Butter

in einem kleinen Topf bei mittlerer Temperatur zum Schmelzen bringen. Die Äpfel mit einem Teil davon bestreichen und im vorgeheizten Backofen 10 Minuten bei 200 °C backen.

2 Esslöffel Honig
100 g Mandelblättchen
oder gehackte Nüsse

zur restlichen Butter geben, verrühren und in die ausgestochenen Äpfel füllen. Nun nochmals 20 Minuten backen, bis die Mandeln leicht braun werden. Zu den heißen Äpfeln schmecken Vanillesoße oder Vanilleeis.

Die Neue in der Klasse

Christina knallte die Haustüre zu, sodass das Scheppern im ganzen Haus zu hören war. Stampfend polterte sie die Treppenstufen hinauf. Achtlos warf sie den Ranzen in die Ecke. Ihre Mama merkte sofort, dass irgendetwas nicht stimmte. «Na, wie war es in der Schule?», fragte sie möglichst gelassen. «Blöd. Ganz blöd!» – «Ganz blöd? Gibt es dafür einen Grund?» – «Ja, wir haben eine Neue in der Klasse, und die spricht kein einziges Wort, und Frau Schneider hat sie einfach neben mich gesetzt. Meine Julia musste dafür nach hinten. Das ist so gemein.»

Julia war Christinas beste Freundin. Sie kannten sich vom Kindergarten und saßen schon seit der ersten Klasse nebeneinander. Auch am Nachmittag besuchten sie sich oft, um miteinander zu spielen.

«Vielleicht hat Frau Schneider gedacht, dass das neue Mädchen neben dir gut aufgehoben sei, weil du so kontaktfreudig und hilfsbereit bist.» – «Das ist mir egal. Ich find's blöd.» – «Weißt du was, ich bin heute etwas später dran, obwohl es mein freier Tag ist. Ich hab noch kein Mittagessen vorbereitet. Wie wäre es, wenn wir beide zusammen Erbsensuppe mit Grießklößchen kochen würden?» Christina mochte Erbsensuppe mit Grießklößchen sehr, sehr gerne. Sie konnte zwar nicht gleich zeigen, dass sie sich darauf freute, willigte aber ein und beruhigte sich langsam wieder.

Erst am nächsten Tag redete die Klassenlehrerin mit den Kindern über die neue Schülerin Ranja. Sie kam aus einem Land, das sehr weit weg lag und in dem vieles anders war. Ranjas Mutter etwa durfte dort nicht im Krankenhaus arbeiten, obwohl sie Ärztin war. Und wenn sie auf die Straße wollte, musste sie sich verschleiern. Auch Ranjas Vater hatte keine Arbeit mehr. Er hatte sie verloren, weil er anders dachte – anders als der Präsident und die anderen Leute, die an der Macht sind. Er musste sogar fürchten, dass sie ihn ins Gefängnis stecken würden. Auf sehr abenteuerliche Weise ist die Familie schließlich heimlich und nur mit Handgepäck zunächst zu Fuß, dann per Anhalter und danach mit dem Zug nach Deutschland gereist, weil sie hier bei ihren Verwandten Unterschlupf fanden.

«Ja, ihr Lieben», sagte Frau Schneider, «ihr könnt euch sicher vorstellen, dass Ranja noch sehr traurig darüber ist, dass sie ihre Wohnung, den größten Teil ihrer Kleider, die Spielsachen und ihre Freunde hat zurücklassen müssen. Sie braucht jetzt neue Freunde, die ihr helfen, sich bei uns zurechtzufinden, und die ihr vor allem auch helfen, die deutsche Sprache zu lernen. Und ich weiß, dass ich mich da auf euch verlassen kann.»

Christina traute sich nicht, Frau Schneider anzuschauen. War sie doch so sauer, dass die Neue kein Wort sprach und auf Fragen nicht antwortete. Sie schämte sich.

In den folgenden Wochen bemühte sich Christina redlich um Ranja. Sie zeigte ihr, wo was im Schulhaus war, spielte mit ihr und Julia in den Pausen Gummitwist oder Hüpfhäuschen und half ihr bei den Hausaufgaben. Ranja konnte zunehmend mehr sprechen und wurde fröhlicher. Ihre großen schwarzen Augen leuchteten sogar manchmal.

Eines Tages kam Ranja mit einem Brief für Christina in die Schule. Sie lud sie zum «Naurus-Fest» ein. Das war in ihrer Heimat ein sehr wichtiges und großes Fest, das mehrere Tage dauert. So wie bei uns Weihnachten und Silvester zusammen. Am Frühlingsanfang wird der nahende Frühling gefeiert. Es werden Verwandte und Freunde besucht und Geschenke verteilt. Außerdem gibt es gutes Essen und viele Süßigkeiten, die meist aus getrockneten Früchten und Nüssen hergestellt werden.

Christina brachte Ranja ein Körbchen mit Frühlingsblumen mit. Sie wurde sehr freundlich von Ranjas Familie empfangen und lernte allerlei köstliche und fremde Speisen kennen. Während des Essens unterhielt sich die Familie meist in ihrer Sprache, da sie noch nicht so gut Deutsch sprechen konnte. Christina fühlte sich dabei ausgeschlossen und kam sich einsam vor, weil sie nicht verstand, was die anderen sagten. Still schämte sie sich wieder, denn so musste sich Ranja am Anfang in der Klasse und auch neben ihr gefühlt haben.

Am Nachmittag spielten die beiden Mädchen mit ihren Puppen. Ranja hatte von ihrer Tante zum Naurus-Fest eine neue bekommen. «Darf ich sie auch mal nehmen?», fragte Christina. «Na klar!», antwortete Ranja. Die Puppen wurden mehrmals an- und wieder umgezogen, im Arm gewiegt und gefüttert. Dabei hatten sich die beiden Mädchen eine ganze Menge zu erzählen und viel zu lachen. So begann die Freundschaft zwischen Christina und Ranja, die sich seit diesem Frühlingsfest immer häufiger **trafen.**

Iranisches Spinatomelett mit Kräutern

Zutaten & Zubereitung

Koukou

15 g Petersilie	
15 g frischer Koriander	
100 g frischer Spinat	
1 Bund Frühlingszwiebeln	putzen, waschen, auf Küchenkrepp abtropfen lassen, klein schneiden, die Hälfte davon mit einem Pürierstab fein mixen und alles in eine Schüssel geben.
4 Eier	
1/2 Teelöffel Salz	
1 Messerspitze Pfeffer	
1 Messerspitze Safran (Kurkuma oder Gelbwurz)	
2 Esslöffel Weizenmehl (Typ 1050)	
1 Messerspitze Zimt	in einen Schüttelbecher geben und gut durchschütteln. Zu den anderen Zutaten in die Schüssel geben.
1/2 Knoblauchzehe	schälen, klein schneiden und in die Schüssel geben. Nochmals abschmecken.
1 Esslöffel getrocknete Berberitze	waschen, auf Küchenkrepp abtropfen lassen und
2 Esslöffel gehackte Walnüsse	in die Schüssel geben und mit den anderen Zutaten vermengen.

Öl	In einer großen beschichteten Pfanne bei mittlerer Temperatur erhitzen. Die Ei-Kräuter-Mischung hineingeben. Etwa 10 – 15 Minuten backen – teilweise unter Verwendung eines Deckels –, bis die Oberfläche des Teiges fest wird. Dann das Omelett mit einem Pfannenwender in acht Teile teilen und wenden. Von der anderen Seite ebenso knusprig backen. Dazu schmecken Salat und Brot oder Pellkartoffeln. Im Iran isst man auch Reis dazu.

Tipp
Ein Teil des Spinats kann durch Eisbergsalat oder Dill ersetzt werden.

Arabische Gemüsecreme-Suppe

Zutaten & Zubereitung

Für 6 – 8 Personen

300 g Möhren	waschen, schälen, klein schneiden.
1 große Stange Lauch	putzen, in Ringe schneiden, waschen, abtropfen lassen.
300 g Broccoli	putzen, in Röschen schneiden, waschen, abtropfen lassen.
250 g Kartoffeln	waschen, schälen, klein schneiden.
1 Knoblauchzehe	
1 Zwiebel	schälen und klein schneiden und in
1 Esslöffel Butter	bei mittlerer Temperatur in einem großen Topf leicht bräunen.

2 l Wasser	Das klein geschnittene Gemüse dazugeben und mit auffüllen.
2 Brühwürfel	dazugeben und ca. 25 Minuten bei mittlerer Temperatur köcheln lassen. Ist das Gemüse weich, mit einem Pürierstab fein pürieren. Würzen mit
1 Teelöffel Kreuzkümmel	
1/2 Teelöffel Koriander	
1 Messerspitze Pfeffer	
1/2 Teelöffel Piment	
1 Messerspitze Muskat	
150 – 200 ml Sahne	dazugeben, gut umrühren und mit
Salz	abschmecken.

Russischer Borschtsch

Zutaten & Zubereitung

Für 8 – 10 Personen

3 Rote Bete (ca. 500 g)	waschen, in einen Topf geben, mit Wasser bedecken und bei mittlerer Temperatur etwa 25 Minuten garen. Kochwasser abschütten und abkühlen lassen. Rote Bete schälen und in kleine Würfel schneiden, mit
1 Esslöffel Essig	beträufeln.
1 Knoblauchzehe	
1 große Zwiebel	schälen und klein schneiden.
3 Tomaten	waschen, Stielansatz entfernen und klein schneiden. Knoblauch, Zwiebel und Tomaten in einer Pfanne mit
Öl	kurz anbraten und dann ca. 20 Minuten weiter dünsten, zwischendrin umrühren.
2 Möhren	waschen, schälen und klein schneiden.
500 g Weißkohl	putzen, klein schneiden, waschen und mit den Möhren in einem großen Topf mit
1 1/2 l Wasser	
1 Lorbeerblatt	
1/2 Teelöffel Salz	bei mittlerer Temperatur ca. 25 – 30 Minuten garen. Nach 20 Minuten die Zutaten aus der Pfanne in den Topf zum Weißkohl geben.
2 Brühwürfel	hinzufügen und weitere 25 Minuten bei mittlerer Temperatur köcheln lassen.
2 Esslöffel Tomatenmark	und die klein geschnittene Rote Bete zum Schluss zur Suppe geben. Mit
Salz, Pfeffer und Paprika	abschmecken. Vor dem Servieren einen Klecks
Crème fraîche	auf jeden gefüllten Teller geben.

Griechischer Bauernsalat

Zutaten & Zubereitung

400 g rote, gelbe und grüne Paprika	waschen, vierteln, von Stiel und weißen Innenhäuten befreien. In kleine Streifen schneiden und in eine Schüssel geben.
1 Knoblauchzehe	schälen und klein schneiden.
2 kleine Zwiebeln	schälen und in Ringe schneiden.
1 Salatgurke	waschen, evtl. schälen, vierteln und in Stücke schneiden.
4 mittelgroße Tomaten	waschen, achteln und vom grünen Stielansatz befreien. Alles zum Paprika in die Schüssel geben und vorsichtig vermengen.
250 g Feta	in Würfel schneiden und über den Salat geben.
100 g schwarze Oliven	dazugeben.

Für die Salatsoße

2 Esslöffel Essig
1 Teelöffel Salz
1/4 Teelöffel Pfeffer
2 Esslöffel Olivenöl

in einen Schüttelbecher geben und gut vermischen. Vor dem Servieren über den Salat gießen. Durchmengen und nochmals abschmecken.
Dazu schmeckt Brot.

Türkische Kichererbsencreme

Zutaten & Zubereitung

Chumus

1 Dose Kichererbsen (oder 120 g getrocknete Kichererbsen nach Packungsangabe garen)	abtropfen lassen und in ein hohes Gefäß geben.
2 Knoblauchzehen	schälen, klein schneiden und zu den Kichererbsen geben.
2 Esslöffel Crème fraîche 1 Esslöffel Zitronensaft 4 – 5 Esslöffel Olivenöl	dazugeben und mit einem Pürierstab fein pürieren. Mit
Salz, Pfeffer und Kreuzkümmel	abschmecken. Schmeckt gut als Brotaufstrich, als Vorspeise oder zum Grillen.

Mexikanischer Bohnensalat

Zutaten & Zubereitung

250 g rote Kidney-Bohnen	nach Packungsangabe garen.
oder	
2 kleine Dosen Kidney-Bohnen	abtropfen lassen
1 gelbe und	
1 grüne oder 1 rote Paprika	waschen, vierteln, von Stiel und weißen Innenhäuten befreien.
2 mittelgroße Tomaten	waschen, vierteln, vom grünen Stielansatz befreien und klein schneiden.
1 Zwiebel	
1 Knoblauchzehe	schälen und klein schneiden.
1 Glas Mais	zusammen mit den anderen Zutaten in eine Schüssel geben.
	Aus
2 Esslöffel Essig	
1 Teelöffel Salz	
1 Messerspitze Pfeffer	
2 Esslöffel Olivenöl	eine Salatsoße herstellen und über die Zutaten in der Schüssel verteilen. Durchmengen und nochmals abschmecken.

Orientalischer Couscous-Salat

Zutaten & Zubereitung

Taboulé

250 g Couscous	mit
300 ml heißem Wasser	übergießen und zugedeckt 10 Minuten ziehen lassen.
2 Möhren	waschen, schälen, fein raspeln oder in Scheiben schneiden.
3 Tomaten	waschen, vom grünen Stielansatz befreien und klein schneiden.
1 Zwiebel	schälen und klein schneiden.
1 Salatgurke	waschen, schälen und klein schneiden.

1 Bund Petersilie	
1 Bund Koriander	waschen, auf Küchenkrepp abtropfen lassen und
3 Minzeblätter	klein schneiden. Alles in eine Schüssel geben und
	den abgekühlten Couscous untermengen.
3 Esslöffel Olivenöl	
3 Esslöffel Obstessig	dazugeben und mit
Salz und Pfeffer	abschmecken.

Französischer Chêvre chaud

Zutaten & Zubereitung

1 Rolle Ziegenkäse	in ca. 1 cm dicke Scheiben schneiden.
Pumpernickelbrot von der Rolle oder Vollkornbrot	auf ein mit Backpapier ausgelegtes Backblech verteilen. Vollkornbrotscheiben vierteln. Auf jedes Brot eine Ziegenkäsescheibe legen und mit
Knoblauchgranulat	bestreuen. Mit einem Teelöffel
Akazienhonig	über Käse und Knoblauch geben. Mit etwas
Paprikapulver	bestreuen. Im Backofen bei 200 °C ca. 5 Minuten backen, bis der Käse zu verlaufen beginnt. Heiß als Handfood servieren.

Chinesisches Wok-Gemüse

Zutaten & Zubereitung

3 Möhren
200 g Broccoli
1 kleiner Chinakohl, ca. 200 g
1 Stange Lauch
2 Zucchini
200 g Champignons   putzen, waschen (außer Champignons), klein schneiden.

2 Esslöffel Erdnussöl   in einer Wok-Pfanne erhitzen, zuerst die Möhren und den Broccoli, dann Chinakohl und Lauch und schließlich Zucchini und Champignons dazugeben und unter ständigem Rühren bissfest garen.

100 ml Kokosmilch
Salz, Pfeffer, Curry, Sojasoße

100 g Cashewkerne

Mit

abschmecken.
Am Schluss
hinzufügen.
Dazu schmeckt Basmatireis.

Amerikanischer Burger

Zutaten & Zubereitung

800 ml Wasser	in einem Topf zum Kochen bringen.
2 Brühwürfel	dazugeben.
1 Knoblauchzehe und	
1 große Zwiebel	schälen, klein schneiden und zur heißen Gemüsebrühe geben.
175 g Nacktgerste	
175 g Grünkern	
100 g Weizengrieß	fein mahlen und mit vermischen. Das Mehl unter ständigem Rühren zur heißen Gemüsebrühe rieseln lassen. So lange rühren, bis sich ein dicker Brei gebildet hat. Von der heißen Platte nehmen und zugedeckt 10 Minuten quellen lassen.

15 g Petersilie	waschen, auf Küchenkrepp abtropfen lassen und klein schneiden.
2 Möhren	waschen, schälen und fein raspeln.
125 g Butter	mit den Möhren und der Petersilie zu dem Mehlbrei geben, vermengen und mit
Salz, Muskat und Pfeffer	abschmecken.
Öl	in einer Pfanne erhitzen. Mit feuchten Händen 6 – 8 Burger formen und bei mittlerer Temperatur knusprig backen.

Zum Belegen

gewaschene Salatblätter,
in Scheiben geschnittene
Tomaten,
Salatgurken,
hart gekochte Eier, Ketchup und
Zwiebelringe.

Die Zutaten zum Belegen werden auf einer Platte oder auf Tellern gerichtet. Am Tisch kann sich jeder nach Belieben seinen Burger belegen.

Georgisches Chatschapuri

Zutaten & Zubereitung

500 – 550 g Weizenmehl (Typ 1050) in eine Schüssel geben und in die Mitte eine Mulde drücken.

1/2 Teelöffel Zucker
2 Teelöffel Salz
50 g klein geschnittene Butter
1 Ei auf dem Mehlrand verteilen.
In

250 ml lauwarme Milch oder Wasser
1 Würfel Hefe auflösen und in die Mehlmulde gießen. Alles zu einem Teig verkneten und zugedeckt an einem warmen Ort 30 Minuten gehen lassen. Nochmals durchkneten und in zwei gleich große Stücke teilen. Diese rund ausrollen. Eine Form mit 32 – 35 cm Durchmesser ausfetten und eine Teigplatte hineinlegen.

Für die Füllung
250 g Feta in eine Schüssel bröseln.
150 g Quark
125 g geriebenen Emmentaler
1 Eiweiß dazugeben und mit einer Gabel vermengen. Mit
Salz, Pfeffer und Muskat abschmecken.

Die Füllung auf der Teigplatte so verteilen, dass am Rand ca. 2 cm frei bleiben. Den Rand mit Wasser bepinseln. Dann die zweite Teigplatte darauflegen und am Rand festdrücken. Mit verquirltem Eigelb bestreichen und 15 Minuten gehen lassen. Bei 175 °C auf mittlerer Schiene 35 Minuten backen.
Chatschapuri kann kalt oder warm zu einer Suppe oder einem Salat gegessen werden.

Polnischer Hefe-Mohn-Kuchen

Zutaten & Zubereitung

Für den Hefeteig

500 g Weizenmehl (Typ 1050)	in eine Schüssel geben und in die Mitte eine Mulde drücken.
1 Esslöffel Honig	
1 Prise Salz	
80 g klein geschnittene Butter	auf den Mehlrand verteilen. In
250 ml lauwarme Milch oder Wasser	
1 Würfel Hefe	auflösen und in die Mehlmulde gießen. Mit den Händen alles zu einem Teig verkneten und zugedeckt an einem warmen Ort 30 Minuten gehen lassen. Nochmals durchkneten und zu einem Rechteck ausrollen.
250 ml Milch	
50 g Butter	in einen Topf geben und zum Kochen bringen.
100 g Walnüsse	grob hacken.
50 g Rosinen	in ein Sieb geben und mit heißem Wasser übergießen.
300 g gemahlener Mohn	
125 g Zucker	zu der heißen Buttermilch geben. Von der Platte nehmen und abkühlen lassen.
1 Ei	untermengen. Die Mohnfüllung auf der Teigplatte verteilen und 2 cm um den Rand herum frei lassen. Den Teig locker zusammenrollen. Eine Kastenform gut ausfetten und die Teigrolle mit der «Nahtseite» nach unten in die Form legen. In der Mitte ca. 1 – 2 cm tief einen Schnitt längs durch den Teig ziehen. Mit
Eigelb	bestreichen und bei 175 °C ca. 45 – 60 Minuten backen.

Gebackene asiatische Bananen

Zutaten & Zubereitung

3 Bananen	schälen, der Länge nach halbieren und nochmals in der Mitte durchschneiden. In eine mit
Butter	gefettete Tarteform legen, gewölbte Seite nach unten, Schnittfläche nach oben. Mit
50 ml Orangensaft oder Sahne	übergießen.
20 g Kokosflocken	auf den Bananen verteilen.
1 Esslöffel Akazienhonig	über die Kokosflocken geben.

Im vorgeheizten Backofen bei 175 °C 10–15 Minuten backen. Heiß mit einer Kugel Vanilleeis servieren.

Gefüllte persische Datteln

Zutaten & Zubereitung

200 g entsteinte Datteln

50 g Pistazien	
50 g Walnüsse	fein hacken.
1 Esslöffel Zitronensaft	
1 Esslöffel Akazienhonig	mit den gehackten Nüssen vermischen und in die Datteln füllen.
	Im Kühlschrank sind sie eine Woche haltbar.

Tipp
Die Datteln können noch mit einer Gewürzblütenmischung bestreut werden.

Die **Fahrradtour**

Es war Mitte Mai. In den Tagen zwischen dem 11. und 15. Mai konnte es nochmals richtig kalt werden. Die Eisheiligen, so nennt man diese Tage, hatten in diesem Jahr aber ihren Einsatz wohl verpasst. Die Sonne schien, und es war angenehm warm. Großvater putzte die Fahrräder. Natürlich halfen Christina und Tobias kräftig mit. Und sie wollten alles ganz genau wissen: wieso die Fahrradkette nach diesem langen Winter geölt werden muss, warum die Schraube am Lenker nachgezogen wird, weshalb die Luft auf allen Reifen zu überprüfen ist.
Dann kam Julia, Christinas beste Freundin, vorbei und musterte die drei mit ihren ölverschmierten, schwarzen Händen. «Was macht ihr denn da?», fragte sie. «Wir machen unsere Fahrräder wieder flott.» Julia senkte den Blick und schaute traurig zu Boden. Verlegen zupfte sie an ihrem T-Shirt. Eigentlich hätte sie zu Ostern ja ein neues Fahrrad bekommen sollen, aber nachdem ihr Vater schon so lange arbeitslos war, müsse sie noch ein bisschen Geduld haben, hatte ihr ihre Mutter erklärt.
Großvater wusste, dass die Stelle von Julias Papa «gestrichen» worden war. Viele in der Firma mussten entlassen werden, weil man sie nicht mehr brauchte. Das war traurig und schwierig und nicht mehr zu ändern.
«Julia, hol doch mal dein Fahrrad. Ich will mal sehen, was sich machen lässt», rief ihr Christinas Großvater zu. Eigentlich war Julias altes Fahrrad zu klein. Im letzten Sommer stieß sie mit ihren Knien schon fast am Lenker an. Deshalb sollte sie ja auch ein neues bekommen. Sie hatte sich so sehr darauf gefreut. «Hol es doch einfach mal her.» – «Wenn's sein muss.»
Ausgestattet mit Schwamm und Seifenwasser, ging es dem Dreck zu Leibe. Bei so vielen Händen hatte er keine Chance, und schon bald glänzten alle Räder, auch Julias alter Drahtesel, in der Sonne. Großvater stellte den Lenker so hoch wie möglich. In seiner Werkstatt fand er noch einen größeren Sattel, der genau auf Julias Fahrrad passte. Zum Schluss drehte er noch eine Birne in die Vorderlampe, und dann sah das Fahrrad eigentlich wieder ziemlich gut aus.
«Also, ich meine», sagte der Großvater und schob dabei seinen Strohhut aus dem Gesicht, «ich meine, wir sollten eine Spritztour machen. Wir drehen erst mal eine kleine Runde bis zum Bahnhof und wieder zurück.»
Großvater wollte nur eine kurze Strecke mitfahren, um zu sehen, ob mit den Rädern auch alles in Ordnung war. Am Bahnhof gab es für alle ein erfrischendes Eis. Nach dem Wettrennen auf

dem Heimweg, das Tobias knapp vor Julia gewann, sagte der Großvater: «Morgen soll das Wetter schön bleiben. Da machen wir eine Fahrradtour. Wie sieht es aus, Julia? Kommst du mit?» – «Ich muss erst fragen, ob ich darf.»

Und Julia durfte mit. Großvater packte mit Großmutter den Picknickkorb, und nachdem die Hausaufgaben gemacht waren, ging es los. Mama wunderte sich, wie schnell ihre Kinder sein konnten, wenn sie etwas Schönes vorhatten.

Zuerst strampelten sie ein ganzes Stück den Berg hoch. Tobias, Christina und Julia wollten es ohne absteigen versuchen. Großvater schob sein Rad, nachdem es ihm zu anstrengend wurde. Die Kinder hatten hochrote Köpfe und waren völlig außer Atem, als sie oben ankamen. Aber sie hatten es geschafft, die Steigung hochzuradeln, und waren mächtig stolz darauf.

Nach einer kurzen Verschnaufpause ging es weiter, vorbei an würzig duftenden Rapsfeldern und an aufgehenden Getreidefeldern mitten hinein in ein von Vogelgezwitscher erfülltes Waldstück. Dort mündete der asphaltierte Feldweg in einen geschotterten Waldweg. Meistens fuhren die Mädchen voraus, dann folgte Tobias, und Großvater bildete das Schlusslicht. Tobias fuhr in Schlangenlinien von einem Rand des Weges zum anderen. Als es ein Stück bergab ging, nahm er die Füße vom Pedal und schlenkerte sie fröhlich und vor Vergnügen quietschend hin und her. Und da passierte es.

Er übersah den morschen Ast, der in den Weg ragte. Tobias konnte nicht schnell genug bremsen und stürzte auf den steinigen Waldweg. Laut schrie er los. Doch Großvater war schnell zur Stelle, und auch die beiden Mädchen kamen herbeigeeilt. Tobias hatte sich die Knie aufgeschürft. «Aua! Aua, das brennt so», jammerte der Junge. «Lass mal sehen!» Der Großvater schaute sich die Wunde an und tastete das Bein ab. Es schien zum Glück nichts gebrochen zu sein. Aus seinem Rucksack holte er seinen kleinen Verbandskasten und säuberte die Wunde. «So, jetzt versuch mal ein paar Schritte zu gehen!» Anfangs verzog Tobi noch ein bisschen sein Gesicht. Schürfwunden können wirklich richtig fies schmerzen. Bald ging es ihm aber wieder besser, und sie konnten ihre Fahrradtour fortsetzen.

Nach kurzer Zeit tat sich vor ihnen eine Lichtung auf. Eine Wiese mit blühendem Löwenzahn leuchtete ihnen entgegen. «Hier sollten wir Rast machen», sagte Großvater. Keiner widersprach, denn alle waren ein wenig erschöpft und neugierig auf die Überraschungen im

Picknickkorb. Großvater breitete eine Decke aus, und darauf legte er die Schätze aus dem Korb: Krümelmonsterbecher, Muffins, Schoko-Mandel-Schnitten, Eierbrote und vieles mehr. Für jeden war etwas Leckeres dabei.

Vom Waldrand her hörten sie jäh Warnrufe eines Eichelhähers. Über dem kleinen Wiesenstück kreiste ein roter Milan. Wahrscheinlich hatte auch er Hunger und war auf der Suche nach einer geeigneten Beute. Unzählige Bienen summten von Blüte zu Blüte, um den Nektar zu sammeln. Es war einfach herrlich. «Meine Lieben, wir sollten uns langsam wieder auf den Rückweg machen, damit wir nicht zu spät zu Hause sind. Schließlich ist morgen wieder Schule und Kindergarten», sagte der Großvater. Gemeinsam packten sie ihre Sachen zusammen und traten den Heimweg an. Die Sonne stand bereits tief über dem Horizont und hüllte den Himmel in ein blau-violettes Licht. In der Ferne entdeckten die Kinder zwei äsende Rehe auf einem Weidenstück – ein friedlicher Anblick nach solch einem aufregenden **Tag!**

Wildkräuterfrittata

Zutaten & Zubereitung

1 kg festkochende Kartoffeln	waschen, in einen Topf geben und zu 2/3 mit
Wasser	bedecken.
1 Teelöffel Salz	dazugeben und bei mittlerer Temperatur 15 – 20 Minuten garen. Abkühlen lassen.
1 Stange Lauch	putzen, in feine Ringe schneiden, waschen.
1 Zwiebel und	
1 Knoblauchzehe	schälen und klein schneiden.
6 Esslöffel Öl	in eine Pfanne geben, Lauch, Zwiebel und Knoblauch 3 – 4 Minuten dünsten.
250 g Bergkäse	fein reiben.
150 g gemischte Wildkräuter, z.B. Löwenzahn, Pimpernell, Rauke, Giersch, Bärlauch	waschen, auf einem Küchenkrepp abtropfen lassen und fein schneiden. Pellkartoffeln schälen und grob raspeln.

6 Eier	verquirlen und mit den anderen Zutaten in einer Schüssel vermengen. Mit
Salz, Pfeffer und Muskat	würzen. Auf ein gefettetes Backblech verteilen und bei 175 °C 25 – 30 Minuten backen.

Tipp
Wer die Frittata etwas dicker haben möchte, sollte nur auf 2/3 des Backbleches die Kartoffelteigmasse verteilen.

Tortellini-Salat

Zutaten & Zubereitung

250 g Tortellini	nach Packungsangabe bissfest garen, abkühlen lassen.
250 g Cherry-Tomaten	waschen und halbieren.
125 g Mini Mozzarella	
1 Topf kleinblättriges Basilikum	waschen, auf Küchenkrepp abtropfen lassen und Blättchen vom Stiel zupfen.
	Alles zusammen in eine Schüssel geben.
1 Esslöffel Zitronensaft	
1 Esslöffel Balsamico-Creme	dazugeben und mit
Salz und Pfeffer	abschmecken.

Gurken mit Frischkäse

Zutaten & Zubereitung

1 Salatgurke	waschen und in ca. 1 cm dicke Scheiben schneiden.
15 g Kräuter Petersilie, Dill, Schnittlauch	waschen, auf einem Küchenkrepp abtropfen lassen und sehr fein schneiden. Mit
2 Esslöffel Sahne 250 g Frischkäse Salz und buntem Pfeffer	vermengen und mit abschmecken. In eine Tortenspritze füllen und auf jede Gurkenscheibe Frischkäse aufspritzen.

Rührei mit Paprika

Zutaten & Zubereitung

1 Zwiebel	schälen und klein schneiden, in einer Pfanne in
Butterschmalz	5 Minuten bei mittlerer Temperatur dünsten.
1/2 rote Paprika	waschen, von Stiel und weißen Innenhäuten befreien und in kleine Würfel schneiden. Zu der Zwiebel geben und einige Minuten dünsten.
4 – 6 Eier	aufschlagen, in einen Schüttelbecher geben und mit
Salz, Paprika und buntem Pfeffer	würzen und gut durchschütteln, über Zwiebeln und Paprika geben und bei mittlerer Temperatur unter Rühren braten, bis das flüssige Ei fest geworden ist.
1/2 Bund Schnittlauch	waschen, auf Küchenkrepp abtropfen lassen, klein schneiden und über das gebratene Rührei geben. Für das Picknick auf einer Scheibe Brot verteilen und eine zweite Scheibe darauflegen, in Papier verpacken.

Eiersalat mit Räuberbrot

Zutaten & Zubereitung

6 – 8 Eier	in Wasser bei mittlerer Temperatur 10 Minuten garen. Mit kaltem Wasser abschrecken, abkühlen lassen und die Schale pellen. Mit einem Eierschneider in Scheiben schneiden und in eine Schüssel geben.
1 Glas kleine Gewürzgurken (Cornichons)	abtropfen lassen und in Scheiben schneiden. Zu den Eiern geben.
1 rote Zwiebel	schälen und klein schneiden, dazugeben.
1 Bund Schnittlauch (ca. 15 – 20 g)	waschen, auf Küchenkrepp abtropfen lassen und klein schneiden, in die Schüssel zu den anderen Zutaten geben. Aus
150 g Naturjoghurt 3 Esslöffel Mayonnaise 1 Teelöffel Senf Salz und Pfeffer	eine Salatsoße herstellen und mit abschmecken. Die Soße über die Zutaten in der Schüssel geben und vorsichtig vermengen. Dazu schmecken Räuberbrot oder Pellkartoffeln.

Kalte Gurkensuppe

Zutaten & Zubereitung

3 Salatgurken	mit einem Spargelschäler schälen, der Länge nach in vier Teile schneiden, die weiche Mitte entfernen und in kleine Würfel schneiden.
1 Zwiebel	schälen und in kleine Würfel schneiden. In einem Suppentopf mit
2 Esslöffel Öl	leicht dünsten, Gurkenwürfel hinzufügen und bei niedriger Temperatur 20 Minuten köcheln lassen. Zwiebel-Gurkenmasse mit einem Pürierstab zerkleinern und mit
1 Esslöffel Zitronensaft Salz und Pfeffer	würzen.
200 ml süße Sahne	dazugeben, gut verrühren und einmal aufkochen lassen. Suppe kalt stellen.
1 Bund Dill	waschen, auf Küchenkrepp abtropfen lassen, sehr fein schneiden und vor dem Servieren über die Suppe streuen. Eventuell mit einem Löffel geschlagene Sahne oder Crème fraîche garnieren.

Johannisbeer-Muffins

Zutaten & Zubereitung

Für 12 große Muffins
125 g Butter
125 g brauner Zucker → in einem Topf zum Schmelzen bringen, mehrmals umrühren.

200 ml Milch
2 Eier → in einen Schüttelbecher geben und gut durchschütteln.

350 g Dinkelmehl (Typ 1050)
3 Teelöffel Backpulver
150 g frische oder tiefgefrorene Johannisbeeren
1 Messerspitze Bourbon-Vanille → Alle Zutaten in eine Schüssel geben. In die Mitte eine Mulde drücken, Butter und Eimischung da hineingeben und mit einem Esslöffel die Zutaten zu einem Teig rühren, der noch Klümpchen haben darf. 12er-Muffinform mit Papiermuffinförmchen auslegen und den Teig darin verteilen. Im vorgeheizten Backofen bei 190 °C ca. 25 – 30 Minuten backen.

Fruchtpudding

Zutaten & Zubereitung

750 ml Fruchtsaft	in einem Topf bei mittlerer Temperatur zum Kochen bringen.
1 Esslöffel Zitronensaft 4 Esslöffel von dem Fruchtsaft 3 Esslöffel Speisestärke	in einer Tasse oder in einem Schüttelbecher miteinander vermischen.
etwas Zucker	Je nachdem, wie süß der Fruchtsaft ist, eventuell noch dazugeben. Langsam in den heißen Fruchtsaft geben und unter ständigem Rühren aufkochen lassen, bis die Fruchtsaftfarbe wieder aufklart. In Marmeladengläser verteilen und abkühlen lassen.

Sommerlicher Obstsalat

Zutaten & Zubereitung

1/2 Honigmelone	schälen, von Kernen befreien und das Fruchtfleisch in mundgerechte Stücke schneiden, in eine Schüssel geben.
100 g Heidelbeeren	waschen, abtropfen lassen, zur Melone geben.
250 g Erdbeeren	waschen, abtropfen lassen und vierteln.
250 g Ananas	schälen und in mundgerechte Stücke schneiden.
2 Kiwi	schälen, in kleine Stücke schneiden und zu den anderen Zutaten geben.
2 Esslöffel Sonnenblumenkerne	darüberstreuen.
2 Esslöffel Zitronensaft und 2 Esslöffel Akazienhonig	dazugeben und vorsichtig vermengen. Für das Picknick in Marmeladengläser füllen.

Schoko-Mandel-Schnitten

Zutaten & Zubereitung

Für den Teig

5 Eier
175 g brauner Zucker
200 g Butter

in eine Schüssel geben und mit einem Handrührgerät schaumig rühren.

200 g Mandeln und
200 g Zartbitterschokolade

reiben und mit den anderen Zutaten vermengen.

1 Messerspitze Bourbon-Vanille-Pulver

und

80 g Weizenmehl (Typ 1050)

unterheben. Den Teig auf ein mit Backpapier ausgelegtes Backblech verteilen und bei 180 °C ca. 15 – 20 Minuten backen. Nach dem Abkühlen mit Schokoguss bestreichen.

Für den Schokoguss

1 Esslöffel Palmfett (Kokosfett)

bei sehr niedriger Temperatur in einem Topf zum Schmelzen bringen, dann

100 g Zartbitterschokolade

dazugeben und so lange rühren, bis alles geschmolzen ist.

Tipp

Wer die Schoko-Mandel-Schnitten etwas dicker haben möchte, sollte nur auf 2/3 des Backbleches den Teig verteilen.

Krümelmonsterbecher

Zutaten & Zubereitung

50 – 100 g Erdbeer- oder Schoko-Crunchy	in 6 Marmeladengläser verteilen.
400 g Erdbeeren	waschen, einen Teil zum Dekorieren zur Seite legen, den Rest in Stückchen schneiden.
200 g Sahne	steif schlagen.
250 g Naturjoghurt	dazugeben.
	Mit
2 – 4 Esslöffel Akazienhonig	süßen. Auf dem Vollkornknusper erst die geschnittenen Erdbeeren verteilen und dann den Sahnejoghurt darübergeben. Mit
Erdbeerstückchen, Schokoraspel und Melisseblättchen	garnieren.

Prickelnde Erfrischung

Zutaten & Zubereitung

1 l Apfelsaft
1/2 l Mineralwasser
1 Bund Kräuter
(Zitronenmelisse, Pfefferminze, Salbei)
3 – 4 Scheiben Zitronen

Alle Zutaten in einen Krug oder eine verschließbare Flasche füllen.
Die Erfrischung sollte 3 – 5 Stunden ziehen.
Vor der Fahrradtour können einige Eiswürfel dazugegeben werden.

Tipp
Anstelle von Kräutern können ca. 3 Holunderblütendolden verwendet werden.

Rezept**register**

A

Amerikaner 78
Amerikanischer Burger 205
Apfelkuchen vom Blech 123
Apfelmus 99
Apfelpfannkuchen 162
Apfelschnee 122
Aprikosencreme 174
Arabische Gemüsecreme-Suppe 189

B

Backofenpommes 115
Bärentatzen 141
Bandnudeln mit Pesto 47
Beerentiramisu 60
Bratkartoffeln 95
Bratäpfel 181
Brownies mit Sauerkirschen 88
Bunter Kartoffelsalat 103

CD

Cantuccini 62
Chinesisches Wok-Gemüse 203
Dampfnudeln 171

EF

Eiersalat mit Räuberbrot 226
Erbsensuppe mit Grießklößchen 164
Erdbeereis 67
Feldsalat mit Orangen & Walnüssen 161
Französischer Chêvre chaud 202
Fruchtpudding 230

G

Gebackene asiatische Bananen 212
Gebratener Tofu 105
Gefüllte Kartoffeln 111
Gefüllte persische Datteln 213
Gemischter Salat 58
Gemüse-Nudel-Auflauf 166
Georgisches Chatschapuri 208
Griechischer Bauernsalat 195
Gummibärchen 146
Gurken mit Frischkäse 223

H

Haferkekse 86
Hagebuttenmarmelade 131
Heiße Schokolade 180

Herbstlicher Obstsalat 143

Hexeneintopf 133

Hirtenpfanne 157

Iranisches Spinatomelett mit Kräutern 187

Italienischer Chefsalat 43

Johannisbeerkuchen 74

Johannisbeer-Muffins 228

Kalte Gurkensuppe 227

Kartoffel-Zucchini-Gratin 168

Kartoffelbrei 101

Kartoffelgnocchi 51

Kartoffelpizza 118

Kartoffelpuffer 94

Kartoffelsuppe 106

Kartoffelwaffeln 96

Ketchup 117

Kraftkugeln für starke Kerle 139

Kräuterquark 98

Kräutersuppe mit Wachteleiern 137

Krümelmonsterbecher 237

M

Maisgnocchi 55
Maulwurfkuchen 76
Mexikanischer Bohnensalat 198
Möhren-Kohlrabi-Salat 114

OP

Orientalischer Couscous-Salat 200
Panna Cotta 64
Paprika-Rahm-Gemüse 159
Pfannkuchen mit Lauch-Ananas 155
Pizza 40
Polnischer Hefe-Mohn-Kuchen 210
Prickelnde Erfrischung 238

R

Räuberbrot 130
Rostige Ritter 135
Rote-Bete-Salat 112
Rührei mit Paprika 225
Russischer Borschtsch 192

S

Schneeflöckchen 176
Schoko-Bananen-Torte 83
Schoko-Mandel-Schnitten 234
Schoko-Walnuss-Muffins 81
Schokoladenpudding 120
Sommerlicher Obstsalat 233
Süße Mandeln 179

TV

Tomatensoße 54
Tortellini-Salat 222
Toskanisches Brot vom Blech 45
Türkische Kichererbsencreme 197
Vanillesoße 142

WZ

Wildkräuterfrittata 220
Wintertraum 175
Zimtwaffeln 178
Zweifarbige Suppe 108
Zwetschgenkompott 144
Zwiebel-Apfel-Schmalz 154

Über die Autorin

Christel Dhom geboren 1960, ist ausgebildete Erzieherin, Waldorfkindergärtnerin und Heilpädagogin. Zunächst war sie als Kindergärtnerin tätig. Seit vielen Jahren arbeitet sie als Handarbeits- und Förderlehrerin an der Freien Waldorfschule Westpfalz in Otterberg.
Darüber hinaus gibt sie Workshops und ist als Dozentin bei Kongressen der Lehrer- und Erzieherfortbildung tätig. Eine weitere Leidenschaft gilt ihrem bereits mit Preisen ausgezeichneten Garten und dem Tanzen.

Mit Kindern lässt es sich wunderbar filzen. Und dass dabei nicht nur Kleinigkeiten, sondern richtig schöne Dinge wie Filztaschen, Hausschuhe oder Schals entstehen können, zeigt Christel Dhom in diesem Buch, das neben zahlreichen Beispielen und Anleitungen auch pädagogische Überlegungen zum so beliebten Thema Filz enthält.

Christel Dhom
Mit Kindern filzen
131 S., mit zahlr. farb. Fotos, geb.
ISBN 978-3-7725-2181-2

Verlag Freies Geistesleben

Mit nur einem Faden lässt es sich famos spielen – und dabei spielend auch gleich noch etwas für die Konzentration und Motorik tun. Christel Dhom hat über 30 der beliebtesten Fadenspiele zusammengestellt und ergänzt. Sie erklärt nicht nur Schritt für Schritt die einzelnen Spiele, sondern auch deren hilfreiche Wirkung auf Kinder unterschiedlicher Altersstufen sowie ältere Menschen. Und wie man sich verschiedene Fäden mit den eigenen Händen selbst herstellen kann, das wird natürlich auch gezeigt!

Christel Dhom
Fadenspiele
Mit Freude Hände und Gehirn trainieren
136 S., mit zahlr. farb. Fotos, geb.
ISBN 978-3-7725-2296-3

Verlag Freies Geistesleben

Wer liebt sie nicht, die Zeit vor Weihnachten! Tag für Tag wächst die Vorfreude. Das Advents- und Weihnachtsbuch von Christel Dhom bietet für die ganze Familie für jeden Tag Anregungen zum Basteln, zum Backen, zum Erzählen und zum Singen, sodass hier jeder, der die Zeit zwischen dem 1. Dezember und dem 6. Januar mit Kindern erleben und gestalten möchte, etwas Passendes findet.

Christel Dhom
Unser Advents- & Weihnachtsbuch
Ideen für die schönste Zeit des Jahres
191 S., mit zahlr. farb. Fotos, geb.
ISBN 978-3-7725-2537-7

Verlag Freies Geistesleben

fertig –